JN062050

こころって、何？

三田誠広
池田健

芥川賞作家と精神科医によるこころの対話

The Truth of the Mind: Dialogue between Author and Psychiatris

岩崎学術出版社

目次

まえがき

この本は、こころに興味を持つすべての方に向けた、易しくて難しい本です。

こころとは、一体なんでしょうか？

こころと身体とは一緒なのでしょうか？　別なのでしょうか？

こころは一体、どこから生じて、どこに行くものなのでしょうか？

我々人類は、遥かギリシャ・ローマ時代からこころの謎について考えてきました。こころについて考える中で、哲学や心理学、精神医学といった学問が生まれてきました。しかし、そのようなこころの探求をする学問が発達すればするほど、謎は深まるばかりです。

ここで私の自己紹介をさせていただきます。私は精神科医の池田健と言います。三〇年以上にわたり精神科医・心療内科医として働いてきました。そのうちに、こころを治すには身体を治すことが必要な場合もあると考え、内科専門医の資格も取得しました。何冊かの本も書き、各地で講演をしたりもします。専門書も少しは読んでいます。しかし、読めば読むほど、こころとは何かがわからなくなるのです。

本書の内容にも関連するので、私生活面もお話しさせてください。私は、一九二九（昭和四）年生まれの父と、一九三一（昭和六）年生まれの母の間に二人きょうだいの長男として生まれました。父は産婦人科医で、母は専業主婦でした。そして、一九七二（昭和四七）年生まれの妻と、今年大学一年生になった二〇〇二（平成十四）年生まれの娘と、五人で二世帯同居をしています。娘は現役で慶應義塾大学の医学部に入学しました。反抗期もありましたが、大学に無事入学し、他の人からは「おめでとう」と言っていただきます。

しかし、私のこころは複雑です。

なぜなら、これから決して安いとは言えない学費を頑張って稼がなければならないからです。喜びが増えた代わりに、いくつかの悩みも増えます。人間のこころというのは、このような気持ちが複雑に絡み合っています。

家族仲はおおむね円満ですが、妻にとって私は「粗大ごみ」のようです。もう少しで捨てられそうです……。妻からは結婚した当初から、「もうダメだ」「離婚だ」とケンカのたび「テンプレートあるいは呪文」のように（？）言われてきました。主な理由は私が料理・洗濯など一切の家事がほとんどできないからです。家ではゴロゴロしているばかりで、娘のおむつを替えることもできませんでした。しかし、それでもなんとか、ここまでやってきました。

やってこれた理由の一つは、精神科医としてまがりなりにもいろいろなご家族の相談に乗ったり、悩みを聴くことで、自分が少しずつ成長してきたからかもしれません。精神医学や心理学、とくに臨床全般の仕事は、多かれ少なかれ自分自身を少しずつ成長させる側面があるように思います。

私にとってもう一つ、頭の痛い問題があります。両親は幸い元気とはいえ、九〇歳を超えているので介護の問題が生じてきています。私の勤務先の病院に入退院を繰り返すことが多くなりました。五歳下の妹にも協力してもらい世話をなんとかやっていますが、限界があります。父も母も戦前生まれだからなのか、なかなか私や妹の言うことを聞いてくれません。妹からは、もっと両親の面倒をみてくれとせっつかれ、妻も娘も私の言うことを全部聞いてくれるわけではありません。ときには私のこころも折れそうになることがあります。なるべく溜め込まずに誰かに相談をしたり、両親の介護に関しては可能な限り公的サービスを利用したりするようにしていますが、限界があります。今私が述べたような問題は、少子高齢化に伴い日本をはじめとした先進国全体が抱えている問題と言ってよいでしょう。個人の力には限界があるので、ストレスが閾値を超えると、うつ病や神経症などの精神疾患になります。

精神科医、心理職というのは、それを助けるための仕事です。

先ほど私は娘が慶應の医学部に現役で合格したという話をしました。これだけだと単なる自慢話のように聞こえるので、もう少し詳しい話をさせてください。娘は小学校の頃から医者になりたいと言い始めました。あるとき、その理由を尋ねたところ、私や妻（ソーシャルワーカーという医療関係の仕事をしています）が仕事の話を楽しそうにしているからと語ってくれました、もちろんそれだけの理由ではないとは思いますが、中学生の頃からは東京大学の医学部を目指してずっと勉強を続けてきました。しかし、東大の医学部には不合格という挫折を味わいました。そのときに、彼女が私に話してくれたことを一生忘れることはないでしょう。本人は、べそをかきながら「ごめんなさい」と我々に謝り、「私は敗者だ」と語ってくれました。ここでポイントとなるのは、人生には多かれ少なかれ挫折というものがつきものだということです。精神科医や心理職のもとを訪れる人たちというのは人には言えないような悩みを抱えて、相談にやって来るものでしょう。今、私が述べたエピソードも広く言うとカウンセリング的な側面を持っているというふうに考えられます。

本人は、今は大学生活をエンジョイしていますが、仮に両親あるいは周囲、または本人が東大の医学部に入るという結果だけにこだわって、ストレスを抱え込むということも十分にあり得た話でしょう。

これから述べていくように現代社会は非常に多くのノルマを課され、情報を処理していかないと、生き残れないようなシステムになっているように思われます。私や私の家族も、いつどこであらたな挫折を味わうかもしれません。特にこころを病む人が増えて、精神科医やカウンセラーの需要が増え続けているということは、今述べたような社会背景と無縁ではないでしょう。

いつの世も、悩みを抱えていない人はいないと言っていいでしょう。したがって、精神科医や心理職の需要がなくなることはありません。しかし心理職・医師・看護師などの医療関係者だけでは解決できない問題があります。治そうとする気持ちが裏目に出たり、議論が白熱しすぎて患者さんやご家族の気持ちを置き去りにしてしまうことはよくあることです。すでに心理職として働いている方など、読者の多くの方々には思い当たるのではないでしょうか。

本書を書こうと思ったのは、このような私の仕事と、私自身のこころがきっかけでした。

本書では、私が長年お付き合いさせていただいている、芥川賞作家の三田誠広さんとの対談がメインになっています。精神科医としての私が三田さんにお話を聞きながら、こころについて探求するのが本書の目的の一つです。

三田さんを対談相手としたのは次のような経緯からでした。三田さんとは日本ペンクラブでの集まりをきっかけに出会いましたが、お付き合いは約一〇年に及びます。より正確に言うと、私が高校生の頃、芥川賞受賞作品の『僕って何』を読んだときからなので、約半世紀に及ぶといっても過言ではありません。お付き合いと言っても、メールが中心ですが、家族のこと、人生のこと、共通の趣味のこと、公私関係なく千通近くのメールのやりとりをして、多くのことを学びました。三田さんは作品の中でこころについて描くだけではなく、宗教や科学に関する多くの作品も執筆されています。

つまり、読者の方が精神科医や心理職を目指すきっかけとなるような、「こころって、何？」というテーマについて、三田さんと私のこころが向き合うプロセスから何かを感じてもらいたいというのが、本書の大きな目的なのです。

ところで、精神科領域では、バイオ・サイコ・ソーシャルという考え方があります。バイオはbiological（生物学的側面）、サイコはpsychological（心理学的側面）、ソーシャルはsocial（社会的側面）、この三つの側面から患者さんのことを総合的に考えるというものです。三つの側面のそれぞれには、医師・心理職・福祉職という専門職があてはまりますが、ともすればそれぞれの専門家は自分の領域の観点を重視しがちです。三田さんは、こころを癒す専門家ではありませんが、作家として社会を、そして人間のこころを、バイオ・サイコ・ソーシャルすべての面で深く観察して、作品を書いてこられました。私たち精神科医・心理職がこころを癒すあるいは治す専門家だとするならば、三田さんは作品を通じて、こころを見つめ続けてきたスペシャリストと言えるでしょう。

対談を通して、二人で、人のこころとそれを取り巻く社会について、何をどう考えたらよいかを熱く語り合いました。先ほど私が個人的な自己紹介をしましたが、この中にも現代の日本が抱えている深刻な問題が含まれています。バイオロジカルな面で言えば、父親や母親が様々な身体的合併症に罹患し薬を飲まないといけない、サイコロジカルな面では、老いていく両親のこころのケアをどうするか、世話をする介護者のこころの負担をどう減らすのか、ソーシャルな面で言えば、家族が崩壊しないようにどのようなマネージメントを行うか、などの課題が挙げられるでしょう。万一、私が倒れた場合、私の医療費や娘の学費をどうするか、介護の費用はどうするかというのは個人的な問題ですが、一方でこれは先進国全体が抱える少子高齢化という社会的問題の一側面なのです。もっと言えば、政治的問題、人口減少傾向という過去から未来へ続く歴史的問題とも言えます。

このような視点で、作家と精神科医が幅広く議論をしたという本は、私が知る限りありません。このようなことから、本書をつくることを思い立ちました。

この本がこころの専門家をはじめ、こころに興味を持つすべての人々のお役に立つことになれば幸いです。

最後に、本書の完成にあたり、勤務先で出会い、約十年のお付き合いになり大学の講師としても精力的にご活躍されている広尾ストレスクリニック院長、Stress Labo 広尾 所長の財津康司先生に深謝いたします。また、岩崎学術出版社の長谷川純編集長、塚本雄一さん、鈴木大輔さんのご尽力にも感謝いたします。世界中を襲ったコロナ感染症による大変な状況の中で本書が無事に出版の運びとなったのも、拙著を編集部の方がたまたま目にしてくれたのがきっかけです。ありがとうございました。

また、今まで私が出会ったすべての方々、特に多くの教訓を与えてくださった、診察室や病棟での患者さんやご家族、大学での講義などで熱心に講義を聞いてくれた学生さん、そして私事になりますが愛する妻、娘、妹、そして義父母を含む四人の両親に心からの感謝を捧げて「まえがき」とします。

二〇二三年二月　　池田　健

セッションの前に

――作家と精神科医の出会い

まずはじめに、この短編を読んでみてください。あなたはどのような感想をもつでしょうか。

「先生と私」

～出会い～

その人と私が最初に出会ったのは、新宿の居酒屋だった。私が世話になった編集者さんがたまたまその人と長い付き合いということで、無理を言って会わせてもらった。

初夏の夕暮れだった。多少の緊張を覚えながら、最初に名刺交換をしたときに驚いた。肩書きが山のように並んでいたからだ。この手の人には良く出会う。たいてい、権威にすがり、話をしているうちに自分の自慢話ばかりになる。で、お決まりのように「最近の若い奴らは」みたいな話になって行く。そういう輩には仕事柄山のように会う。私は、一瞬、この人もその手の人間なのかと内心軽い失望を覚えた。心の中で警戒心をもちつつ、三人で鍋を囲み日本酒を飲んだ。

内容は断片的にしか覚えていないが文学談義が主だった。

予想に反して、その人は淡々と話した。あまり自分の話もしなかった。江藤淳さんやら、浅田次郎さんやら、柄谷行人さんやら、吉岡忍さんやら、有名な評論家の話になった。

私は、その人が憧憬していた埴谷雄高さんとの関係を知っていたが、あえて触れなかった。酒量が増えるにつれて、その人と編集者さんの会話は同級生のやり取りになった。

私は、割り込むすきもなかったのだが、話は面白かった。時々私が質問する。編集者さんが延々と話す。その人が簡単な論評をする。そんな形で、三人の男性の宴はすすんでいった。

こんな具合だ。

「江藤さん、あの人の自殺は惜しかったですね。愛妻家だったから、どうも最初の読み手は奥様だったらしいですね。で、奥様が亡くなったところに脳梗塞の発作を起こされて……」と私が言う。

編集者さんが私見を述べる。

その人は「まあ、江藤さんは友達いなかったかんね」と割に厳しめのコメントを出す。

ところどころに関西弁が混じった。

ちょっと言い過ぎたかなと思ったのか、

「でも、私もね。あの人には世話になったんだ。皆からコテンパンに言われた作品をあの人だけは、ほめてくれてさ」と弁解めいたフォローが入る。誰もそんなこと聞いてないのに。

意外にシャイで正直な人らしい。ひそかに私は心の中で微苦笑を禁じ得ない。

顔が赤くなるにつれて、関西人特有の突っ込みも入った。

その人と「僕」や「M」という固有名詞は切っても切れないキーワードのはずなのに、僕とは一度もいわずに、私（わたし）という言葉で自分を呼ぶのが、妙におかしかった。

宴の最後に高校の頃から愛読していて、もう茶褐色に変色していた文庫本や単行本を取り出して、サインを求めたところ、気さくに応じてくれた。二時間ほどの宴が終わった。

その人に失礼なことを言ったような記憶もない。言ったのかもしれないが、少なくともその人は、感情をあらわにすることはなかった。三人で割り勘で会計を払って外に出た。夏至の頃だったから、外はまだ明るかった。「じゃあ、ここでばらけますか」というその人の一言で三人は解散した。

その後二人は長く再会しない。ただし、その人の存在は私の中でとてつもなく大きなものになっていく。

その人は自分の中の「僕」を今も探し続けている。負けじと私も自分の中の「僕」を探す。

いつしか私の中でその人は偉大な存在となった。その人に限らず、偉大でなおかつ身近で自分を導いてくれる存在を私は先生と呼ぶ。いつしか、その人は私の中で先生になった。だから私はその人を「僕」でも「その人」でも「M」でもなく、「先生」と呼ぶことにする。

その後、先生と私のやり取りは十年以上続く。ただし、メールと年賀状とのやり取りだけである。会ってはいないから、先生と先生以外の誰かが「なりすまして」メールを送っていないという確証はない。確証はないけれどもリアルの世界ではないので別に構わない。

いったい人と人との出会いと別れって何だろう。出会った途端にどこかで別れが静かに始まる。確かなことはそれだけだ。

~再会~

私はその人を先生と呼んでいた。

メールというのは不便なものだ。我々は知らず知らずに、この文明の利器とやらに振り回される。開けなければ開けないで仕事にならないことはない。しかし、毎日開けたからといって、そうそう大切な情報が入っている訳でもない。メール自体が過去の遺物になりつつあり、別のツールがいくらでも開発されているが、仕事のやり取りを他の方法で行うには限界がある。郵送やFAXでも良いが、一度手に入れた便利なツールは、過去のものを駆逐する。

ある日を境に先生からの返信が途絶えた。「死んだ?」いやな予感がした。数週間後にようやく返信がきた。そこに「Re:おわび」と書かれていたメールがあった。長らく使っていたパソコンが壊れて、プロバイダーとの契約が切れて修復に時間がかかったこと、仕方がないので奥さんのアドレスで他の仕事をこなしていたことなど割合に冷静な筆致で返事が書かれていた。しかし、申し訳ないという詫びの言葉も書かれていた。

そうして、いつも通りに最後には、本日はここまで。と書かれていた。

最初に湧き上がってきたのは「パソコンのメンテナンスぐらい奥さんに任せず自分でやりなさいよ」という怒りとも何ともつかない不思議な気持ちだった。奥さんがいなければ、自分は野垂れ死にするかも知れない。常々そんなことを冗談めかして書いていたことを思い出して、それがまんざら冗談ではないことを知った。いろんな思いが去来した。そうして最後に思ったのは、生身の先生に一回会っておきたいということだった。話は割合に早くまとまった。

先生が住むマンションは私が大学時代を過ごした都内にある。近くに有名な教会があってその鐘は駅まで聞こえる。先生の話によると、朝の一〇時前後に鳴るはずだが、やけに早く鳴ることもあるという。

それじゃあ、大体鐘の鳴る時刻あたりにその教会の前で待ち合わせましょうという話になった。

こうして約十年ぶりに私は先生に会うことになった。初秋の日曜日だった。

鐘がいつ鳴り出すかわからないので、はやめに教会についた私は空想にふけった。

高校の時に出会った彼女と最初に待ち合わせたのはどこだったっけ。高校一年の文化祭の時に何だか仲良くなったのは覚えているが……。ミクロの世界では「シュレーディンガーの半死半生の猫」というものがある。要は箱にガスを入れてその猫が起きているかどうかは確率論的にしかわからない、あるいはニコライ堂で待ち合わせて、そこに先生が現れるかどうかは、サイコロの目のようにしかわからない。不確定だということだ。アインシュタインが「神様はサイコロを振らない」といってこの仮説に猛反対したが、後に説の正しいことを認めたのは有名なエピソードだ。

私の中で一度は先生は死んだ。これは勝手に私が殺したのであって、現実はパソコンに不具合が起きただけだ。ただし、パソコンからメールを送って、それが返信されてくるかどうかは正確にはわからない。確率論のいくつかには先生が半死半生になっている可能性だってある。先生が半死半生の姿で現れたらそうしよう。医学的な半死半生とは脳死状態のことだろう。しかし物理学とのそれとは違う。量子力学では素粒子がいる場所自体が確率論的にしか予測できないのだから、そもそも粒子自体が待ち合わせをするということが不可能なのだ。永遠に待ち合わせが出来ず会えないのだから、会うのをすっぽかされて落ち込むこともない。そんな素粒子から我々を含めた万物が成り立っているのだからやっかいだ。そんな妄想にふけりながら勝手に心の中でニヤニヤしていた。

その時、立派な紳士が私の視線に入った。同時にニコライ堂の鐘が重厚に、しかし近くにいるものにとっては不必要なほどに大きな音で鳴りだした。白髪の紳士は遠くからしゃんと背筋を張って歩いてくる。

「おまたせしましたかな」

「いえいえ、お元気そうで何よりです。それにしてもこの教会の鐘の音は……」

「そうなんですよ。特に休日の老人にはこたえますよ。もうちょっと若かったら組合を作って反対運動でも起こすのですがね、そもそも何に反対するのか、誰に反対するのか対象がわからんのですよ。特にここ数年越してきて来た新参者ですから……」

「そうですね。除夜の鐘なら年一回ですし、伝統のニコライ堂の鐘が鳴らないとかえって落ち着かないという体制派というか保守派も多そうですしね」

冗談とも何ともつかない話をしているうちに時間は過ぎた。しかし、十年前より話ははずんだ。

先生は突然話を切り替えた。

「さて、どうしますかね。まだ昼食にも、散歩をするには早いですし、私の集合住宅にでもいらっしゃいませんか……」

思わぬ申し出に、多少面食らったものの、まあいいやと楽屋裏を覗くことにした。

私の中で一度死んだことになっている先生のお宅、メールの発信基地を覗かせてもらえるというまたとない提案に私は童心にかえった。

　高層マンションの先生のお宅はセキュリティーは万全であった。ドアを開けたら奥様がいらっしゃった。どうも最初からそういう話になっていたようで、私は型通りの挨拶を済ませた後に、リビングに通された。先生、奥様、私。二回目の鼎談は編集者さんの代わりに奥様になった。

　いろいろな話をするうちに、先生の小説の中に出てくる快活な女子高生というのが、ほぼ実話に近いというのがわかった。

「この人はね……昔からそうなんですが……」

「家に帰ってきたら、暇さえあればパソコンかテレビに向かってばかりで……」

「ええ、ええ、ちゃんとわかっているんですよ。パソコンに向かってさえいれば小説を書いていると私が思っていると勝手に勘違いして、実は将棋の動画を見ていたりしているんです。大体高校の頃からマトモに授業は聞かずに教科書をタテに置いて小説ばかり読みふけっていましたから……」

「どうなんですか？　一度お伺いしようと思っていたんですが、こういう人の頭の中というのは専門的には病気とか認知症の始まりとかいうことはないんでしょうか？　この際直接的に言ってやってください」

　このように書くとなんだか奥様が一方的に話しているように思えるかも知れないが、その口調は快活でヒステリックな調子ではないので、何だか心の休まる音楽でも聴いている気になるのだから不思議だ。

　私は、大丈夫だと念を押し、具体的に理由を述べて、ただし、性格というのは長い年月をかけて形成されるものでそうそう変わるものではない、万一、先生が、急に晩酌もせず、パソコンも開けず、スポーツや将棋に熱中することもなくなったら、それこそが危険な兆候なので、連絡してくださいと伝えた。

　すると、奥様は「それで一安心」といった感じになった。

　そこから、話は子育て論議になった。

要はこういうことだ。

先生のご長男がまだ子どもの頃、最初に覚えて繰り返した言葉が「あーた」だと言う。

本当は先生が多分繰り返していたはずの奥様への呼び方でも良いはずだ。

うちの娘も最初に覚えた言葉が「ンマ（んま）」だった。やがてそれが「ママ」に変化して。一日中「ママ」「マンマンマン」と繰り返すようになった。

俗説に「ママ」と「パパ」では後者が破裂音なので言いにくいので子どもは最初にママと呼ぶというものがある。

しかし、あれは呼称を呼んでもらえない世の中の父親達が悔し紛れに作った可能性が高い。

傍証として、もっと信憑性の高い実話がある。亡き永六輔さんが名曲『こんにちは赤ちゃん』を作詞した際に、ベテランの小児科医から、このような指摘を受けて絶句して、同意したとのことだった。永さん自身が著書やメディアなどで何度も発言されているので間違いなかろう。その大家は名曲で素晴らしい歌詞だと絶賛した上でこう付け加えたという。

曰く「こんにちは赤ちゃん、わたしがママよ」というのは医学的には誤りである。なぜなら子どもの胎動を始めた頃からすでに赤ちゃんと母親の会話は始まっており、本来その時点から「こんにちは」をしているのだとのことだ。だからオロオロしながらも「初対面」する「こんにちは」をするのは父親の方であると。

この話は我が身を振り返ってもうなずける。胎児の感覚、特に視覚に関しては体内にいるときは見えていないという説が主流だ。しかし、耳はふさぎようがない。少なくとも内耳レベルで常に胎児は母親の声を身近に聞いていることになる。小さな胎児にとっては、母親が甲高い声で叫べばニコライ堂の何倍も響いて安眠を妨害されるだろう。

そんなことで、先生や私の子どもが「パパ」でもなく奥さんの名前でもなく「あーた」や「ンマ」から始まったのはごく当然だろう。所詮男親のハンディキャップというのは子どもが生まれる前から始まっている。そんな話になった。話しながら、『クレイマー、クレイマー』やら獅子文六の『父の乳』を持ち出されたらどうしようと内心ハラハラしていた。

幸い、この私の新説に異論は出なかった。先生はおだやかでただニコニコと笑っておられた。ちょっと不思議に思ったので、「先生、異論は?」と喉元まで出かかったが、その答えは奥様の一言で解けた。

「先生（奥様は私のことをこう呼んだ）もご存知でしょ。この季節は毎年アメフトに夢中で、この人は、早朝からテレビにかじりついて観戦、ごひいきのチームが快勝したので今日はご機嫌なんですよ。そうよね。ね、あなた」

「まあ、な」

「ね、あーた」ではなく、優しい「あなた」であった。

私の中で、その瞬間埴谷さんと先生が重なった。先生のお姉様が女優だと聞いて、身を乗り出して来た姿、丹前ともどてらともつかないものを着ていたこと、その埴谷さんがゴミ出しについて近所の女性から苦情を言われ謝っていたという逸話と、先生の姿がどこかでだぶって、おかしかった。

ひとしきり話が続き、美味しい手料理までいただいた。

そろそろ、引き揚げようかと思っていたときに先生の方からまた、思いがけない提案が持ち掛けられた。

「そろそろ散歩の時間です。一緒に行きませんか、よろしければ。母校の方へはいらっしゃいましたか。最近は上野の方だけだと飽きるので、適当にコースを変えているのですよ」と言うのだ。

私は一も二もなく話に飛びついた。

二人で、御茶ノ水の駅を通って橋を渡った。川の水は学生時代よりも澄んでいた。医科歯科大学を抜けて順天堂大学を通り、元町公園という小さなしかし伝統のある公園を過ぎた。

桜蔭学園を通って、ラグビー部の頃の思い出、漱石の二松学舎の同定などよもやま話をした。桜蔭学園を抜けて東京ドームの方へ行くにはかなり急な下り坂になる。そこを右に曲がると能楽堂だ。この坂を何十週もした話、そこから皇居まで出て一周を街灯ごとにダッシュした話、最後には不整脈が出た話など、ついつい私は調子に乗って話したが先生はニコニコして聞いていた。

数十分歩いた後、「大体この辺で私の集合住宅に戻れば大丈夫。後は仕事と晩酌です」と先生が言う。

「じゃあ、そろそろ戻りますか」と坂の下で二人が話す。

二人で坂を上る。

かなりの急勾配で二人とも息切れがしていた。しかし、初秋を感じさせるさわやかな風が吹いていたのでそれほど気だるさはなかった。

駅に着いたとき、思いがけずに先生がホームの中まで送ってくれるという。さすがに固辞する私を制するように先生はこう言った。

「イヤ、大学を辞めてから中央線を使うことがほとんどなくなってしまったのです。それにちょっと今書いている作品の舞台設定に崖と川を見ておきたいので。実は自分の都合なのですよ」。という。

それではということで、二人で駅に入った。昔は黄色と赤のペンキで塗られた電車、さらにその前はこげ茶色の電車が走っていた。こげ茶色の電車の入り口と出口の中央には揺れたときの転倒を防止するための鉄の棒のようなものが羽目板のような電車の床から天井にまで伸びていた。そんな歴史を知る人も今では少なくなっただろう。そんなことを考えているうちに、中央線がホームに入ってきた。乗ろうかと思ったが、何だか先生との時間をもう少し長く過ごして居たかった。二人の間には会話はなくおだやかな沈黙があった。

「総武線でゆっくり帰ります」

「ああ、そうですか」

「奥様によろしくお伝えください」

「わかりました」

「大変楽しい時間を過ごさせていただきました」

「私もです」

「また、性懲りもなくメールを出しますがよろしく」

「どうぞ」

会話をしている間に黄色い筋の入った総武線が滑らかにホームに滑り込んできた。

再び挨拶をして私は電車に乗った。

ドアが閉まる。先生はこちらの方を見て軽く会釈をする。

私も会釈を返す。

電車は速度を速めてあっという間に雑踏の陰で先生は見えなくなる。

そろそろ夕暮れが迫った神田川にビルのネオンが反射する。

私はなぜだかわからず、涙がこぼれて仕方がなかった。

もうこれで思い残すことはない。

また、明日から先生には先生の私には私の日常が始まる。そう思いながら水晶体にあふれた水滴の向こうでぼんやり曇る川の風景を見つめていた。


これは、私（池田）が書いた小説（?.）です。「～再会～」以降は完全なフィクションです。登場人物は、「先生」が三田さん、「私」が池田です。

私は、この小説を書いて、自分の才能のなさを思い知りました。三田さんには、この作品を読んでいただき、

「これはこれで作品の体裁を成している」

という論評をいただきましたが、小説というものは、芸術的な側面が少なくありません。美術や音楽などと同様に、既存の作品の概念を打ち破り新しい創作を行うと言う作業です。この短編のモチーフになっているのは、夏目漱石の『こゝろ』（後に『こころ』と改題）ですが、実際に書いてみて情けなくなりました。

その代わり、私の中に、二つの思いが芽生えました。

一つは、長年に亘り小説を書き続けるというのは、途方もない作業だということです。作家の中には、書くことにいきづまって生活が破綻したり、自殺する人も少なくありません。少なくとも、真剣に芸術活動を行うということは、時に精神的に危機的な状況をもたらすということは言えるでしょう。一方で、「芸術療法」という治療法に象徴されるように、何らかの創作活動を行うことが精神的なストレスを軽減することもあります。ただし、プロの作家として活動し続けるということは、生易しいことではないということを私はこの短編を書いて実感しました。

もう一つは、この作品の登場人物である三田さんに実際にお会いして、メールのやりとりだけではない現実的なことがらについて、それぞれの立場から語り合ってみたいというモチベーションを生むきっかけになりました。

特に、後者の思いは本書を企画する直接的な動機になったわけですから、この短編を書いたという

こともまったく意義がないということではなかったのでしょう。

三田さんと私の対談の前には、このような「序章」があったということを読者の方に知っていただきたくて、非常に恥ずかしいのですがこの作品をあえて掲載させていただきました。

セッション1　こころを育てる環境

――社会と家

池田：今回は「セッション1」ということで、よろしくお願いいたします。私の中では「三田先生」なのですが、呼び名は大事なので「三田さん」ということでお話しをさせていただきます。三田さんはご自分の本を読み返したりされるんですか？

三田：読みません。

池田：読まないんですか？

三田：はい。昨日たまたま本の仕分けをしていたら、自分が書いた『カラマーゾフの兄弟』の続編[注1]が出てきたのでちらっと読んだんだけれど、止められなくなってね。すごいこと書いてあるね（笑）。もう一遍書けと言われても……。

池田：書けないですか？

三田：うん、書こうとも思わない、カラマーゾフの続編なんて途方もないことです。「よく書いたなぁ」と思いつつも、自分自身が何を書いたか忘れているので、全然知らない本を読むような感じでどこまでも読みました（笑）。

池田：字面を追っているだけかもしれませんが、三田さんの作品は何回も読んでいます。先生のお書きになった作品に関しては、僕のほうが知っているつもりです（笑）。

三田：多分そうだと思います（笑）。

社会と〈こころ〉の交わり

池田：三田さんのお書きになったご自分のお話など読んでいると、私もシンパシーを感じるのは、政治や哲学というものに、触れざるを得ない時代だったということです。その中で「自分というのは何だろう」と考えていた気がするんです。それが現在進行形で今の自分にもつながっています。一九七〇年代くらいまでは皆そうだったと思うし、今の人たちも本当はそうでないといけないんだろうけれど、哲学はとかく難解であることを売り物にする側面があって敬遠されがち、文学ももしかしたらそうなのかわかりませんが……。このあたり、三田さんが政治や哲学とどう関わってきたかも含めて、大阪でお生まれになってからどう過ごしてきたか、自由にお話しいただけますか。

三田：この本の中では「人間とは何か」というテーマを追究しながら、自分のことも話したいと思います。まず、人間は社会の中で育つわけなので、どの国に、またどの時代に生まれたかを抜きには語れません。とくに日本という国は、一九四五年に戦争に負けたというのが一つのエポックになっています。それまでの天皇中心の全体主義あるいはファシズムというものが国家観だけでなく、市民の生活にも影響を及ぼしていたのが、敗戦によって白紙に戻され、「戦後」と言われるものが始まったわけです。私は七〇歳を超えましたが、一九四五年というと七五年以上前なので、とんでもなく長い時間が経っています。

私が子どもの頃から、そして中学、高校、大学に入る頃までの時代、ちょうど一九七二（昭和四七）年に日本で初めて開催された冬季のオリンピックである札幌オリンピックがありました。それ

注１：三田さんは小説によるドストエフスキーの評論を行うという試みをして、独自の視点から『罪と罰』『カラマーゾフの兄弟』『白痴』『悪霊』という四作品を書き上げました。（池田）

以前に一九六四（昭和三九）年に東京オリンピックがありました。一九七〇（昭和四五）年には大阪で万国博覧会が開催されました。この頃までの日本は、いわゆる「戦後復興」の時代だったと思うんです。だから、ふつうの子どもでも「これから日本はどうなっていくんだろうか」と考えていたと思いますし、向上心がある子なら「日本の復興のために何ができるだろうか」というようなことを考えていたはずです。

たとえば現代でも、二〇一一（平成二三）年に東日本大震災がありましたが、震災の後、東北地方の子どもたちのほとんどが「ここからどうやって復興するのだろうか」と考えていたと思うんです。そのように思い故郷の復興のために尽くす人もいれば、自分の人生を生きるために都会に出て来た人もいるかもしれません。故郷にこだわり続けるのか、自分を優先するか。これは一例ですが、人生の過程で生き方の選択を迫られることがあります。右へ行くか、左へ行くか。そこでどちらを選ぶかでも「自分とは何か」が見えてくるし、決断することによって自分が決まってしまうこともあるだろうと思います。二〇二〇（令和二）年から始まり世界的な問題になっている、新型コロナウイルス感染症をめぐる問題もこの一例だと考えてよいでしょう。

私の場合ですが、戦後の日本社会は——今から振り返るとですが——まだ全体主義[注2]が残っている社会でした。なぜ全体主義が残っていたかというと、戦争指導者として象徴的なA級戦犯と呼ばれた政治家たちは東京裁判を経て処刑されますが、官僚たちは課長クラスの人はそのままの地位で戦後を迎えているわけです。そこで「さあ、日本をどうしようか」と考えたときに、結局、復興の思想に戦前の全体主義みたいなものが含まれるわけです。たとえば、一九四六（昭和二一）年に新円切替にともなう預金封鎖という政策がありました。これはどういう政策かというと、わかりやすく言えば、サラリーマンで新卒ぐらいの給料の人たちは自分のお金を問題なく預金口座から引き出せたのですが、一〇〇万円貯金がある人はお金が引き出せなくなったんです。なぜなら、国家が中産階級以上から大財閥に至るまで、すべての人の資産をいわば掠奪して、コンビナートを造るなど復興のための資金として投入したからです。これは考えてみると、社会主義革命と同じような機能を果たしていて、その後も政府はこの流れを受けた政策を次々と繰り出し、高度経済成長を達成しました。ただ、こうした「仕掛け」は後になってから知ったことでした。

高校生の頃、私は共産主義のバイブルとも言えるマルクスの『資本論』を読んでいました。マルクスの考えたことは実はシンプルで、金持ちにお金を持たせておくと贅沢をして使ってしまうので、ドイツという国家全体を積極的に考えれば、農民が資産家を掠奪して——物騒ですが王様とか貴族を殺してもいいので、産業に投資をすべきである、そうすれば皆幸せになるという考え方です。当時のドイツは、他のヨーロッパの国に比べると後進国でした。たとえば、隣のフランスではフランス革命と言われる革命が起きました。それによって王侯貴族が処刑され、庶民に自由が与えられたことで、産業が急速に成長しました。しかし、ドイツは領土内に小さな国が乱立していて、それぞれに王様と貴族がいて贅沢な暮らしをしていたので、国家的な投資をするという発想がなかったのです。

注2：全体主義は、個人の利益より全体の利益を優先し、個人が全体のために従属しなければならないとする思想。

お金を持っている人から取り上げてそれを国の産業を興すために使う――終戦直後の日本は、マルクスが見せたビジョンと同じことを、すでに実現していたのです。財閥解体、農地解放もそうです。アメリカに言われて実施した政策ではあるのですが、これがうまくいって実は革命と同じ機能を果たしたことにより、日本は急成長していきました。

これは当時高校生だった私にはわからなかったので、実際には革命を起こさないといけないだろうと思っていましたし、当時は文化人や知識人、それから演劇界の人たちも同じ思いを共有していて、「皆がちょっと左翼」みたいな時代でした。したがって政府の批判もします。

第二次世界大戦が終わった後に、アメリカとイギリスなどを中心とする資本主義陣営と旧ソビエト（現在のロシア）を中心とする共産主義陣営が対立して、朝鮮戦争などの代理戦争が起きます。キューバ危機などは、危うく核戦争になるところでした。ベトナム戦争もその一例です。ベトナム戦争で南ベトナムを支持していたアメリカ軍が北ベトナムを空爆したとき、当時の総理大臣佐藤栄作が南ベトナムを訪問しようとしたのですが、これに学生たちが反対し、佐藤総理が飛行機に乗れないよう、羽田空港に向かう三つの橋を封鎖しようとしました。その「羽田事件」で山﨑博昭君という一人の学生が亡くなりました。彼と私は高校の同級生でした。

この時代の若者には、自分がこれから大人になって生きていくときに何ができるかを考えると、自分の短い人生みたいなものより、どういう国家をつくるべきかを皆で考えようじゃないかという風潮がありました。幕末の坂本龍馬のような志士もそうだったかもしれません。一九六〇年代後半、私が通っていた高校（大阪府立大手前高等学校）にも、そんな雰囲気がありました。このような時代背景の中で自分の人生を考えていたのが、私の出発点になっています。「国家」とか「社会」とか、あるいは「宇宙全体」でもいいんですけれども、大きなものに対して、自分はささやかな存在だけれども、ささやかでもちょっとはできることがあるんじゃないかと考えていたのだと思います。

ただ、大学に入るといろいろと見えてくることがありました。世界的なテレビの同時中継というものが始まったんです。これによって世界の状況を生の映像で観られるようになりました。当時、革命の最先端を進んでいると思われていたソビエト連邦も、そして中国も貧乏なんです。日本のほうが遥かに豊かで、言論の自由もあります。すると、それまで「革命をしなければ」と考えていた自分は、「あれ？」と思ってしまうわけです。私は「あれ？」と思ったそのことが契機になって、小説家になりました。しかし、革命のためにずっと命懸けで生きてきた人もいるんです。先日、中核派の一番偉い人で地下に潜っていた人物が浮上してきたというニュースがありましたけれども、そんな人だっているわけです。ただそんな時代でも、右へ行くか左へ行くかをちゃんと考えていた人たちは、多かったんじゃないかなと思うのです。

私が大学で教え始めたのは四〇歳くらいですけれども、その時一九八〇年代後半に接した学生たちは、幕末の志士のような、「国に尽くす」ということは考えません。自分のことしか考えていない人たちだなと思いました。でも、香港とかフィリピンから来ていた留学生たちは違いました。彼らの多くは国費留学生で、帰国したら国にお返しをしなければならない、つまり民衆にお返しをしなければなりません。「だから自分は一生懸命勉強している」という使命感を持っていました。その一方で、日本の学生たちは、もう疲弊していた感じがありました。

大きな目標を持っている人というのは、かなり元気に生きていけると思うのですが、若いうちに目標を見失ってしまうと、何か挫折を経験したときに頑張れなくなってしまいます。「何をバネにして頑張るか」を考えたときに、自分一人のためだと、もういいや、と思っちゃって、ひきこもってしまったり、場合によっては死んでもかまわないということも考えてしまったりするかもしれません。もっと自分より大きな目標を設定しないと、なかなか生きていくのは辛いかなという感情を持っています。

池田さんの時代はどうでしたでしょうか。

池田：私は一九五九（昭和三四）年生まれで、三田さんとは十一歳違っていて……。

三田：そうすると学生運動は終わっていましたね。

池田：はい、終わっていたのですが、札幌オリンピックの頃は小学生で、「国家観」というのをまだ感じはしませんでしたが、何か大きな流れの中を人々が歩んでいっているという実感はありました。

三田：「あさま山荘事件」は見ていますか？

池田：ええ見ていました、あれは、当時は何をやっているのかわかりませんでした。

三田：若い人たちはもう知らない人が多いと思うけど、「革命の練習」ということで、戦争ごっこのようなことをやっていた若者たちが、群馬県の山奥にあった炭焼き小屋で、渋谷の銃砲店から盗んできた猟銃を持って、射撃の訓練をやっていたんです。それで「もう辞めたい！」という仲間が出てくると、どんどん殺して埋めていったんです。それで、山奥で鉄砲の音がするというので、地元の人が警察に通報して捜査隊が出動したんですが、学生の一部が逃げて、五人くらいの人が山を越えて軽井沢にあったとある会社の保養所に、管理人の奥さんを人質にして一週間立て籠もりました。その間、

NHK教育放送以外は、あさま山荘の様子を中継していました。そこで機動隊の人がカップラーメンを食べていたのが映ったので、すごく売れたという話もありました。

一週間、ふつうのテレビ番組がなくて、あさま山荘の中継放送だけになったんです。私なんかは「頑張れよ」と思っていたんだけど（笑）。ふつうの子どもたちは、なんか悪い学生がいて警官が一生懸命捕まえようとしているというふうに見ていただろうし、国家に反抗するのは良くないことだと、つまり学生運動のようなことは正しくないという印象が広まったんじゃないかと思うんです。池田さんはどのように見ていましたか？

池田：どちらかというと、私は「劇中劇」のような感じで見ていました。良いとか悪いというよりは、何か大変なことが起きているると。まだ中学一年生だったので、一週間それだけを見ていた感じでした。しかし、警官が学生に撃たれて亡くなるということもあったので、本当に大変なことが起きているというふうに感じました。

三田さんが先ほど話した全体主義――その前に、自由主義や共産主義といった考え方がありますが――〈思想〉というものはどんどん先鋭化していく性質があって、基本的には思想をディスカッションするにしても冷静さを保たないといけないのが、どこかで冷静でいられなくなる瞬間があったのではないかと想像します。正常と狂気には連続性がありますが、正常から狂気のほうへ踏み込んでいく、その象徴的な事件があさま山荘事件だったのではないか、というふうに今振り返ると思うんです。それから、羽田事件で亡くなった山﨑君のお話もありましたが――私は実際に闘争に参加したことはないのですが――ある種の〈反抗〉の側面があると思うのです。もちろん、そこには大義名分があるのですが、〈反抗〉なので、多少「お祭り」的な要素があって、自己陶酔のうちに演説をしたり、ヒステリックに振る舞ったりするうちに、気が付いたら死んでいたということもあるかもしれない、と。そして、ここに至る前の戦争に話を巻き戻すと、第二次世界大戦の経緯にもいろいろなイデオロギーが絡んでいますが、ソ連の共産主義とアメリカの自由主義・資本主義は相容れない部分があるにもかかわらず、自国のエゴイズムを優先させて当面の敵である日本・ドイツ・イタリアを中心とする同盟国を敗戦に追い込むということが起きました。

作家の生育歴①生い立ち～学生時代

池田：三田さんがお書きになったものから育った環境を読み取りますと、お父様は戦争をかなり強烈に体験されていると思うんです。これは私の「職業病」みたいなもので、政治や社会を個人史に収れんさせていってしまうのですが、先ほどお話しいただいた、三田さんが〈僕〉みたいなものに気づく前史、戦争を体験されたお父様との関係などについて語っていただけますでしょうか。

三田：はい。まあ、いろいろな本を読みますと、ノロイトをはじめ、子どもの頃のトラウマみたいなものを発見して、治療に役立てるとか、その人の人格形成のメカニズムを探ったりということが、精神医学や心理学の世界ではあるようですからね。

では、質問に答えながら自分の生い立ちを考えてみたいと思います。

私の父親は戦争に行きました。中国大陸でトラックの運転手をしていたと聞いたことがあります。ただ、戦地に赴いたときは三〇歳になっていて、それまで大阪で小さな町工場を経営していたんです。

したがって、入隊したときはもう大人ですから、上官が年下で二〇歳くらいの若い人だったりして、教練の後にその人にお酒を飲ませて（笑）優しくしてもらったりするとか、知恵が働くような年頃でした。私は一九四八（昭和二三）年生まれですが、父は中国に行って、私が生まれる一年前には帰国しています。だから、学徒出陣を経験した人のように「天皇のために死ぬ」という全体主義思想を植え付けられた世代ではありません。若い人はそこで「失うものがない」とファシズムにどっぷり浸かってしまうことがありましたが、私の父はすでに自立していたので、召集されても「仕方がない」と戦地に行き、知恵を働かせてなんとか生き延びるような工夫をして、帰ってきたという人です。

戦前、父は青写真（設計図面の複写）をつくる機械の製作をしていました。青写真は、今はもうコピー機とかパソコンで図面を作成するので存在していないかもしれませんが、「青写真を描く」とか、言葉自体は残っていますよね。どういうものかと言うと、設計家が鉛筆で図面を書くと、青写真屋さんに取りに来てもらって——「製造トレース」と言います——鉛筆で描かれた図面の上に半透明のパラフィン紙を乗せて墨入れをしていきます。これを青写真の機械にかけると、青い文様の前に白い線が浮かび上がるんです。それを指定された枚数作って届けるという商売をしていました。この機械を三台持っていたんですが、父が戦争から帰ってくると、工場は焼けて何もありません。けれども、父がいとこと一緒に焼け跡から青写真の機械を全部掘り出して、三台分の部品を寄せ集めたら一台組み上げることができたんです。それで、母親のほうでは戦争が終わった後に備えて、工場があるところとは別の下町に部屋を借りて、父が帰って来たらここで商売をしようというつもりで、場所を確保していました。そこに部品を運び込んで一台組み立てて、また青写真屋を復活させたんです。

そのときの経験があったので、父は自分で機械をつくることができると考えて、旋盤とかいろいろな製造機械を買い入れて、青写真の機械そのものをつくるほうに仕事が変わっていきました。私が三歳くらいの頃は、まだ青写真の作業もしていました。母親は経理をしていて、そういう環境で私は生まれ育ったので、なんだか家族ぐるみで働いているなという雰囲気をいつも感じながら、仕事というのはこういうふうにやっていくんだというのを見て育ちました。

ただ、いわゆる「共働き」の状態だったので、一人きりでいる時間が多かったですね。会社の旋盤の機械が置いてある中を走り回ったり、青写真の機械を見に行ったり、それから社員の人に遊んでもらったりしていましたが、そのうちに本を読むようになりました。ですから、子どもの頃から本ばっかり読んで育ったので、あまり親の影響というのはないかな、と。もう本の影響のほうが強いかなと思います。

だから、別にトラウマみたいなものは何もないです（笑）。

池田：（笑）。

三田：大人たちの世界の中で育ってきて、しかもそういう環境で育ったことは自分にとってはどうでもいいことだなと思っています。中学までは割と学校に適応していましたし、大阪という土地は、学校に行くとみんな漫才みたいな掛け合いをしてるんです。二人人間が集まると、子どもでも漫才をする、どちらかがボケでどちらかがツッコミで、みたいなね。中学まではそれをちゃんとやっていました、大阪では日常なのでね。ところが、中学生になってドストエフスキーを読み始めて、ドストエフスキーが提出する「問題」みたいなものを考え出したら、何か言われたときにボケられなくなってしまったんです。「そんなことどうでもいいだろう」って（笑）。それで、だんだんと付き合いが悪くなって、中学、高校はずっと本の世界に浸っていました。

それが大学に入って、早稲田の文学部に行くと、皆自分より暗かった（笑）。だから、関西出身の個性というか、励ます側に回って、暗い顔している奴がいると「お前、どうしたんだよ」とツッコんでやるような人になっていました。

最初の就職は、おもちゃの問屋さんが集まって発行していた『トイジャーナル』という業界誌の編集職でした。問屋さんといっても、製造問屋で小さなおもちゃをつくって販売している中小企業ですね。その会社に入ってみると、とても懐かしかったです。自然とみんな商売の話をしていて。「これどうやって売り込んでいこうか」とか、「アフターサービスはどうしているか」とか。こういう質問を取材で聞いて書くんですが、子どもの頃会社の中で育ったので、会社というものがふだんしていること、つまり物をつくっていかに売るか、いかにお金を稼ぐかということを考えるわけです。子どもの頃からそれがふつうの世界だったから、大人になってもふつうに会社に入ってふつうに働いて稼ぐのに違和感はありませんでした。

本を出版するにしても、出版社だって本が売れないとやっていけないわけですから、本を売るために何をしないといけないのか、ちゃんと考えないといけないわけですよね。その反面、自分では売れない本にも価値があると考えているんです。だから、いかに編集者を騙して、売れない本を出版させるかということも戦略として立てている（笑）。そんなことを七〇過ぎまでやってきました。そんなところですがどうでしょうか。

池田：ありがとうございます。先ほどフロイトの話が出てきて、トラウマをほじくり返してどうするんだということをおっしゃっていましたが、私も実はそう思っています。多分にして「自分とは何か」「こころとは何か」というのは、永遠にわからないんだと思うんです。

三田：ただ、自分というものの出発点を考えたときに、本を読むというのは、非常に重要でした。これは主に母親のほうですが、「勉強の一環だからかまわない」と肯定してもらえたわけです。

作家の生育歴②家族

池田：これも宿命というか、精神科の面接では「お約束ごと」で訊かないといけないのですが、三田さんはご両親がおいくつのときのお子さんで、ご兄弟とはどれくらい年の差があったか教えていただけますか？

三田：私は父親が三五歳で、母親が三二歳のときに生まれました。一番上の姉とは十二歳、次の兄とは九つ違い、それから六つ上の姉がいます。このすぐ上の姉（女優の三田和代さん）が役者をやっています。

兄は、いわゆる「六〇年安保」の時代の人で、学生運動をしていましたが、ちょっと左翼なんだけど日共系というか、割と穏健な運動体の中にいました。大学を卒業したら、長男なので結局会社の後を継がなければいけないということで、父の会社に入りました。そういう挫折感といいますか、青春の夢みたいなものは措いておいて、父親の会社に入って改革をするほうに精力を注いだ人です。兄は慶應の独文出身なんですが、小さな図書館くらいの量の本を持っていました。それは要するに、結局自分は親の会社に入らざるを得ないので、金を親から取れるだけ取って本を買ってやろうというくらいの気持ちで買い集めていたのだと思います。だから、マルクス全集はありましたし、ヘーゲルも、漱石の全集もありました。もちろん、ドストエフスキー全集もあります。そういう本を卒業と同時に東京から持って帰って来て、私たちが住んでいた実家の屋根裏部屋に詰め込んでいました。それから兄は結婚して近くにアパートを借りて住み始めたので、その本が全部私のものになった（笑）。いくらでも勝手に本を読める状態になったんです。

その本たちを眺めて、兄はこういう本を読んで哲学的、文学的なことを追究していたけれども、親の会社に入って働き始めたんだなと、そう考えながら兄貴が読んでいた本を読むわけですね。思い出すのは、ドストエフスキーの『悪霊』を読んでいたら、ときどきページの間に紙が挟まっているんです。これはなんだろうなと思ったら、その紙というのは「しんせい」という当時一番安かった二〇本入りタバコの包み紙なんです。何十ページか先にまた同じ包み紙が挟まっているので、ああ、この間に二〇本タバコを吸ったんだということがわかるんです。そうすると、このページを何日かけて読んだのかがわかって、兄が読んだプロセスがなんとなくこっちにも伝わってきてね。同じようにこの小説を読んでいて、でも兄貴は親の会社に入ったんだなぁと。一方では「俺は親の会社には行かないぞ」と思いながら読んでいました（笑）。

そのときに、いわば「親を裏切る」というか、そんなこともふと感じていました。父親としては長男に会社を継がせて、その頃数学が得意だった私は工学部かどこかに行かせて、技術を学べば会社の役に立つだろうと、そういうふうに期待をかけられているのを私はよくわかっていたのですが、こころの中でだんだんと「そうはいかないぞ、俺は文学をやるんだ」という思いを抱くんです。そういう考えを抱いていると、父親との距離は自然と開いていくわけですよね。申し訳ないとは思いつつ、自分は自分の道を行くんだと考えたときに、いわゆる〈自我〉、自分というものは確かにあると思いました。これは親に反抗してそうしているわけではなくて、自分があるんだからしょうがないよ、ということですね。いろいろな本を子どもの頃に買ってもらったり、兄の本を読んだりするうちに、自分の世界観ができていったんですが、親に本を買ってもらったのに、ということは考えなかったですね。それはもう、運命ですから。こんな本がたくさんある家に高校生までいられるんだから、と。高校二年生で学校に行かなくなったときに、本を読み漁りましたが、そういうふうに生まれついているのだからしょうがないと。別に思い惑うことはなくて、ただ本が面白いから読むんだ、それの何が悪いんだ、と。こういうふうにして自分を形成していったのだと思います。

池田：ありがとうございます。今のお話を伺っていて、三田さんの〈実存〉と〈構造〉というふうなものを追っていました。三田さんのご実家は「コピーの三田」として知られる大企業に発展していくわけです。お父様は創業者でいらっしゃったわけですから、かなり仕事一筋のような方だったんでしょうか？　というのは、お父様と三田さんの会話について、三田さんが初期にお書きになった小説『赤ん坊の生まれない日』の中にお父様らしき描写がありましたが、そこに書かれたことから察するに、あまり本を読む方ではないように思ったからです。ちょっと伺ってみたいのは、「商売人だから頭下げるのはタダや」とおっしゃっていたとか、そういった三田さんとの実際の会話というのは、どのようなものだったのでしょうか？

三田：会話はなかったですね。私の父親というのは、学歴はよく知らないのですが、ともかく文化的なことは何もない人でした。商売一筋でした。家にいてもほとんど会話はないんですが、よくお気に入りの社員を家に連れてきて、食事をしたり酒を飲んだりはしていて、そのときに社員に向かって言いたい放題しゃべっているんです。そういうやりとりを聞いていたので、まあこういう人か、ということはわかったんです。とても優しい人で、頭ごなしに命令することはない人でしたね。商売関係の人には、冗談とか面白いことを言っていましたね。だから、面白い人なんだけれども、子どもを相手にすると、そういうことはまったくできない人でした。優しかったですが、会話はありませんでした。

ただ、子どもの頃に一度だけちゃんと話したことがあって、それは私が高校に行かなくなって、とりあえず母親が休学の手続きをするというときに、ちょっと話があると言われて呼ばれたんです。「お前は何をやりたいんだ」というようなことを聞かれました。それで私は、「本を読んで、将来は本を書きたい」と言ったらですね、「どんなものを書きたい？」と言うので、本当は哲学と言いたかったんですが、言ってもわからないだろうと思ったから（笑）、「たとえば……」と言って、仏壇の中にあるお経を取り出しました。実家は真言宗だったので、お経を開けると般若心経が書いてあります。「たとえば、この般若心経、私は今十七歳だけれどもここに書いてあることが全部わかるんだ」と言ったら、父親がびっくりしましてね。般若心経の意味をちょっと説明してあげたんです。そうしたらすごく感動して、お経を唱え始めたんです（笑）。それで「頑張れ」と一言言われて、話は終わりました。

それから、私が業界誌の会社から転職して、次の会社で働いていたときもじっくり話したことがありました。ホンダの下請けで販売店向け機関誌をつくっている会社で、仕事は全国のホンダの販売店をめぐって、どうやって車を売っているのかを取材しているフリをしながら、ホンダの営業部の施策がそこでちゃんと実現されているような記事を書くという、非常にクリエイティブな仕事だったんですが、大阪へ出張したときには実家で父親と飲みました。そのときに、「今、株が上がってるな」とか、ふつうに話ができるようになったなと思いました。景気の動向とか、自分の仕事でいつも語っているような話でしたが、業種は違っても、商売に関わっている大人として共通の話題で話せるようになっていたことが、すごく嬉しかったですね。ですから、父親との関係はうまくいっていたのだと思います。

ただ、父親を反面教師にしてというか、私は私の息子とはよく話をしました。子どもの頃父親とちゃんと話をしなかったので、たくさん話はするけれども自分の考えは押し付けないようにと、関係を保っていきました。長男はピアニストになって、次男は企業に籍を置く研究者になりました。長男とは音楽の話をしたり、フランス語の初歩も教えましたが、ブリュッセルに留学していた頃遊びに行ったら、息子のほうが流ちょうにフランス語を話していました。そこで出会ったスペイン人の女性と結婚して、今はスペインにいます。次男には化学と物理の基礎を教えました。大学の入試問題も一緒に解きました。彼は半導体関係の企業に勤めていますが、今でも会って景気の話をしたり、半導体が売れ始めたとか、ふつうに話をしています。私と父親との関係から、会話をするのは大事だなと思ったので、そういうふうに息子たちと付き合っています。

精神科医・池田氏の生育歴

池田：ありがとうございます。三田さんには子ども時代のことを十分語っていただいたと思いますので、少し自分の話をすると、私は一九五九（昭和三四）年生まれで、五つ違いの妹がいます。父親は一九二九（昭和四）年、母親は一九三一（昭和六）年の生まれです。父は東京で空襲に遭って、戦争を体験しています。産婦人科医でしたが、やはり私の父も寡黙で、勉強を教わったりはしましたが、価値観を押し付けたりはされませんでした。私が小学校六年のときに開業をしました。ですから、経済的な問題もあったとは思いますが、三田さんの家とは違って、経営的なことはもっぱら母親が仕切っていました。母は佐賀の出身で、私は父が二九歳、母が二七歳のときに生まれました。両親との関係は、多少母親に溺愛されて育ったという感じがします。妹や妻からもそういう指摘を受けることがあります。私自身も主に母親に反抗しながら多感な時期を過ごしたように思います。三田さん同様、育った環境を反面教師のようにして、現在の家庭を築いてきた部分はあると思います。

今にして思うと、父親はほとんど仕事一辺倒の人間でした。母親は会話もしてくれる一方でちょっと感情的になりやすい側面もありました。私自身は悪ガキではあったものの、スポーツをしたり、ふつうに生活していました。多少、いじめっ子の気質はあって、若干今もその傾向はありますので、罪滅ぼしに精神科医をやっているのかもしれません（笑）。父親はいわゆる日常会話が得意な人ではなかったのですが、中学の多感な頃、「お父さんはなんで医者になったの？」と訊いたことがありました。そのとき「金儲けだ」とか「いい生活をするためだ」とか言われていたら、私は医者にならなかったと思います。当時は、理科系よりも文科系の科目の方が得意でしたから。しかし、最近どちらも好きなんだということがわかってきました。

そんな感じですが、人生のポイントでは父親からサジェスチョンをもらっていて、それが自分の家庭をつくる中でも活きているなという気がします。

〈自我〉と〈構造〉

池田：三田さんのご家庭のお話を伺っていて、先生の〈実存〉というのは、コインの裏表である家庭という〈構造〉の中で育《はぐく》まれていると思うんです。ですから、物心ついた三田青年が本を読むという行為を能動的にする以前に、無意識にやっていること――それはドストエフスキーについてもそうですが、「ふと気づくとしていること」、その深いところにもうちょっと何かがあるんじゃないかなという仮説を立てるというのが、フロイトが考えた精神分析の基本なんですね。小説家というのは、「私」だとか「自分」というものを考えるときに、無意識にそういう作業をしているのかなという気もしないでもないのですが、このあたりは興味深いところです。

三田さんと私はおおよそ一回り年が離れていますが、いつの頃からか、人のこころや文学についてメールのやりとりをするようになりましたね。その中には、言葉のやりとりだけではない特別なもの――つながりたいとか、群れていたいといった気持ちのやりとりを通じて「不思議な人間関係」ができてきました。これはいつの時代も変わらないことだと思うんです。

三田：池田さんはお父さんが産婦人科の開業医ということですが、後を継いでくれというサジェスチョンはなかったのでしょうか。

池田：産婦人科は止めろと言われましたね。研修医は救急から何から一通り武者修行するので、一応父親の顔色を窺って産婦人科も回ったのに「止めろ」と言われたんです（笑）。なぜかというと、要するにこれは技術職なので「深み」がないぞと言われました。年を取ってくるとだんだん技術も衰えてくるし。「これからは脳の時代だから、精神科も面白いんじゃないか」と言ってくれました。

三田：それは先見の明があるというか、今、少子化の時代になっていますしね。

池田：はい、もともと私も、文学や哲学が好きだったんです。中学の頃、デカルトとかカントを読んでいた時期もありました。当時は小説がドラマ化されたり映画化されるということが今よりも日常的にありました。そのなかでも印象に残っているのは北杜夫さんの『楡家の人びと』や、石川達三さんの『僕たちの失敗』などがあります。また、多重人格をテーマにした、『私という他人』という作品も非常に印象的でした。アメリカの映画『イブの三つの顔（原題：The Three Faces of Eve）』は有名で、今でも講義で学生に観せています。このような世界に触れて「まあ、不思議な世界があるもんだ」と思いましたね。こんなふうに自分の趣向としては、どう考えても理科系ではなかった。得意な科目も国語や英語でした。ただし、育った環境などからなんとなく、医学が身の周りにある気がしていました。なんとなく「医」に関する構造のある家なんだろうなと感じ取ったのだと思います。娘も似たようなことを言っています。生まれついた環境という〈構造〉は結構大事ですよね。

三田さんのご家庭にあった環境とは多少違っているように思います。一方で、理系にも文系にも興味があるというのは共通している気がします。ですから、長いお付き合いになったのかもしれません。精神とかこころには今でも一貫して興味を持っていますが、生物学的なアプローチも必要だなと思うので内科の仕事にも携わっています。ですが根は文科系なんでしょうね。私の父親も、三田さんのお父様同様、押し付けをしなかったので、救われたんじゃないかと思うんです。

三田：ただ、「仕事が面白い」と思っているから続けているのだと思うんですが、精神科医の面白さというのは何ですか？
池田：妄想を持った人の頭の中を想像すると、どんなに想像してもしきれません。また、たとえば三田さんは小説と、並行して新書も書いておられますよね？　そういう人間の頭の構造というのはどういうふうになっているのか、知りたくて仕方ないんです。誰でも知的好奇心は持っていますが、もうちょっとそこに深入りして、仕事にしてみたら、さらに興味が尽きないところはあります。
三田：池田さんも私同様、様々なことに興味を持っていらっしゃるのがわかります。私は高校時代一年間学校に行かなくて、完全に「不登校」でしたが、その頃何を読んでいたかというと、まず仏教に関する本でした。仏教は面白いなと思って。それから、物理学も面白かったです、アインシュタインとかね。宇宙哲学みたいなものにも興味があったし、今でも毎月『サイエンス』という雑誌を読んでいますので、いまだに「これはわからないなぁ！」というものに惹かれます。今月（二〇二一年二月）号では、宇宙の膨張と宇宙の成立についての仮説が検証されていましたが、どうしても整合性の取れないところがあって、この説はどちらかが間違っているという指摘がありました。それで「おお、そうか！」と（笑）。自分の生活にはまったく関係がないんだけれども、宇宙って何なんだろうなぁと思います。
　仏教の宇宙観は、「宇宙が一つの仏様」だという考え方です。とくに「法華経」ではそうですね。それから、「大日経」「華厳経」。こういうのは「宇宙仏」というものを想定しています。インドのヒンドゥー教の「梵我一如」もこれと同じ考え方です。「梵」は宇宙、「我」は自分で、「我」は「梵」

の中に包み込まれ、二つはつながっていて、つながっているだけでなく結局一つのものなのだと認識することができれば、ある哲学的境地に到達することができる、というのがヒンドゥー教の源流である「ウパニシャッド哲学」の原理です。こうしてみると、近代科学の宇宙像とそれほど差はないんです。面白いですよね。

私は十七歳の頃からずっと宇宙について考えているんです。そうすると、自分が小説を書いているということと、まあ仏教の本も物理学の本もいっぱい書いていますけれども(笑)、自分が面白いと思ったものについて語っているということに差はないんですね。

もちろん、精神医学にも興味があります。一番知りたいのは〈自我〉というものです。「私」というものはなんなのか、これは不思議ですよね。宇宙と同じくらいよくわからないですしね。

池田：なるほど、ここからは〈自我〉についても掘り下げて話していきましょう。

〈こころ〉の形成と親子関係

池田：今日はお父様のことについて主にお聴きしました。というのも精神医学や心理学の理論は、どちらかというと母子関係を中心に組み立てられているものが多いですよね。なぜならば、母子関係というものは妊娠した時点から始まりますし、やはり育児においては母親の占めるウエイトが大きいというのは、事実でしょう。しかし、あまりにそれに則ったことをお聞きするよりも別の視点からと思いました。それから、これは三田さんにお聞きしないとわかりませんが、作品を読む限りではお母様があまり登場してこないので、それでどこまで聞いていいのか、プライバシーのところに入りこむので……一方で、奥様の存在は本当になくてはならないのだと読み取っています。そして、これまでお聞きした子育て論のお話から、お父様を反面教師にされているのかなとも思いましたので、そのあたりの確認という意味もありました。

三田：今思いついたことなんですが、先日いただいた『こころを使うということ』（岩崎学術出版社）で松木邦裕先生の講義録の中に「コンテイナー」と「コンテインド」という言葉について説明されている箇所がありました。すなわち、母親が赤ん坊を抱きしめている関係、これは赤ん坊が包まれている、つまり赤ん坊がコンテインドされている、と。ところが、抱かれている赤ん坊はお母さんのおっぱいを飲んでいて、お母さんの乳首を口に含んでいる。この部分の関係は母親が赤ん坊にコンテインドされている、と。こういう入れ子構造が人間の発達に関わっているという考え方ですが、これはとても興味深く感じました。

密教に曼陀羅というものがあります。これは数多くの仏様を描いて幾何学的に配置した図像ですが、世界は宇宙仏である大日如来の胎内にあるという考えを描いた「胎蔵界曼陀羅」の中央には、大日如来自身が描かれているんです。だから、大日如来の胎内を描いているんだけれども、その中にまた大日如来がいる。包み込まれているものがまた何かを包み込んでいる入れ子構造です。「コンテイナー」と「コンテインド」という言葉に出会ったときに、仏教にもつながっていて面白いなと思いました。

自分の子どもの頃のことを考えると、本当に幼い時期は母親の「コンテイナー」に自分が包み込まれていた、「コンテインド」されていたのは確かにそうだったなと思います。ただ、実は母親の仕事があまりに忙しいので、幼稚園に入る前にもう母方の祖母のところに預けられていたんです。あるとき先に預けられていた姉が、夏休みに実家に来て「おいで」と言うんです。それで、ついて行ってからそのまま居させられたという（笑）。二学期が始まると姉は学校に行き、一人でぽつんといて、どうしてくれるんだと思いましたが、そのうち幼稚園に行くようになり、母とは三年くらい離れて暮らしていたので、物心ついたときはあんまり包み込まれるという感じはなくなっていましたね。それに四人兄弟ですから、自分だけのお母さんじゃないという意識もあって、いつまでも母親に包み込まれているという感じはなかったんです。

ただ、一般的なことを言うと、母親があまりにも子どもを包み込んでしまっているということはあると思います。学生時代、東大闘争が始まったときに、学生運動をしている人の母親が「キャラメルママ」と呼ばれる現象がありました。「子どもの頃食べたキャラメルの味を思い出して！」といったメッセージを描いたプラカードを掲げてデモをするわけです。あんなにかわいかった子どもが、今学校で暴れていると知って、もう戻っておいでと訴えているんですね。いつの時代も、母親にとっての子どもというのは、自分が包み込んであげるもの、抱きしめたいような存在であるというようなことを、象徴的に感じました。子どものほうは中学、高校になると、母親から抱きしめられている、母親の掌にある気分の状態を、何かのきっかけで外れていきます。それが〈自我の目覚め〉のような、一つの通過儀礼になるのかなという気がしますが、池田さんいかがですか？

池田：今のお話は聞いておいてよかったです。あさま山荘事件で、お母さんたちが拡声器で学生に呼びかけるということがありましたよね？　あの当時は「母原病」という言葉がまだあったり、母子関係を通じての自立というふうなものの信憑性が共有されていたんです。

三田：「マザコン」という概念も一般化していきましたよね。

池田：三田さんのおっしゃった母子関係の「コンテイン」のしすぎというのは、現代のほうが深刻になっているんです。三田さんのご家庭では、お母様がお仕事をされている中で、お祖母様やお姉さまが、母親的役割を担う部分もあったのだと思いますが、そういうものがうまく機能しなくなっているのが現代なんです。子どもはずっと抱え込まれたまま窮屈でいるということに、母親も父親も気が付かないということは、大学で学生を見ていても多分にあると思います。

三田：日本ではある時期から、いわゆる核家族世帯が大半を占めるようになって、家で子どもにとっての大人が親しかいないという状況になりました。それ以前は、地域社会があって、親族関係があって、祖父母もいるし叔父叔母もいる。そういう環境で育つと母親の存在も相対化されます。ところが核家族で、とくに母親の圧倒的庇護のもとに育つ子どもが増えて、ここから脱出するというのが、「人生の最大の山場」みたいなことになってきました。卵の中から生命が外の世界に出るような……一大決心が必要なエポックだろうと思うんです。そこで何かつまずきが起こると、「マザコン」みたいな様相を呈したり、あるいはもしかしたら精神障害のような状態にもなりえるのではないかと思うので、いかにうまく独立するかというのがとても大事なことになっていますよね。

池田さんの患者さんのなかに、そういった「自立の失敗」から受診に至ったような方はいらっしゃるのですか?

池田：患者さんよりも、学生さんのほうにそれを感じます。患者さんというのは、いったん社会に出ていて、その中で立ち行かなくなった、手に負えなくなったので精神科医の前に現れてくるのですが、それなりに「お悩み」を抱えることができるので、救いようがあるというか、手の差し出しようがあるんですね。

三田：自分が病気だという自覚があるわけですよね。

池田：そうなんです。ところが、学生さんの場合、自分に自覚があっても母親に自覚がなくて困っているという話をよく聞きます。代表的な例で、これは実際に講義でも匿名で共有して、学生たちにどう考えるかを尋ねたケースです。ある女性の学生の母親が、平気で学生のテリトリー、つまり〈自我領域〉の中にまで入ってきて、部屋の物を勝手に片付けたりするそうなんですね。あるいはその学生が「今度友達と旅行に行く」と言うと、母親が荷造りの手伝いをしてしまう。それを止めてほしいと言うと、「あなたのためにやっているのに、私の気持ちをどうして踏みにじるの？」と泣き出すそうなんです。それでどうしていいかわからなくて困っている、と。こういう場合、要するに母親のほうが娘との〈自我境界〉をうまくつくれないというのは、母親自体が自分の母離れをしていない可能性があるんです。

三田：お母さんのほうが病気っぽいと？

池田：そういうことです。

三田：「こども依存症」とか「共依存」ということでしょうか？

池田：ええ。いくらでも、と言うと大げさかもしれませんが、こういう関係性に苦しんでいる人はかなりいると思います。

三田：私も大学で教えていましたが、教え子でも「常に親から見張られている」という人がいました。

スマホの位置情報で監視されている、と。絶えず「今どこそこにいる」とメールで報告しないといけないとかね。

今はお母さんも働いている家庭が多いですが、仕事が人生の主なターゲットになっていない人にとっては、子どもに期待をかけるとか、自分よりも子どものほうが大事だと思いをかけすぎると、簡単に巣離れしてほしくない、子どもへの執着心が生まれて関係に依存してしまう。これが子どもの自立した人間としてのスタンスを壊してしまうんです。子どもにとってはもちろん厄介ですが、なかなか脱け出せなくて「母親依存症」になってしまうこともあるのではないでしょうか。

池田：そうだと思います。

〈こころ〉を保つのが難しい社会構造

三田：ただ、確かに人間というのは一人では生きていけないので、昔だったら親族やご近所の関係の中に自分を位置づけて、「世間体」みたいなものを尊重しながら、世間に誇れるような仕事さえしていれば充実した人生だと言える、こういう「指標」がはっきりとありました。今、そういう指標がなくなってしまっていて、幸福なのか不幸なのかという「尺度」がない世の中で日常生活を送っていると、とても不安なのではないでしょうかね。だから、自分で自分がわからなくなっている人も多いはずなんです。

かつては、子どもがつまずくときというのは、そういった「世間」とか親の価値観といったしっかりした指標を前提に、所属しているコミュニティから一歩外に出たいと思ったときに起きる衝突が多かったように思います。

これは誰にでもわかりやすい〈自我の目覚め〉という言葉で表現できたと思います。ところが現代社会では、価値観が多様化しています。つまり「世間」や「世間体」という尺度よりも相対的に親の価値観の影響度が増していると考えてよいでしょう。このように考えると、親の価値観が歪んでいた場合には、子どもは我々が育った頃よりも困難な状況に置かれるわけです。このように考えると、現在は親子関係というものが精神あるいは精神疾患に影響を与えやすいということは言えるでしょう。

池田：今回のセッションで非常に面白かったなと思うのは、最初に政治とか社会の話が出てから、最後には病気というほうに収れんしてきていますね。では第1回目のまとめとして、ここまでの話を踏まえつつ〈精神〉や〈自我〉とは何かについて考えたいと思います。この本の読者として想定しているのは現職の心理職やそれを目指す人たちですが、一つ付言しておきたいのは、治療者自身が自分なりの価値観や〈自我〉のようなものをある程度しっかりさせておかないと、良い治療はできないということです。下手をすると、患者さんの病理とも何とも言い難いものに巻き込まれてしまい、自分では一生懸命やっているつもりでも、一生懸命やろうとするあまりに、気が付いたら自分のほうが傷ついていたということは結構あります。

先ほどの母子関係の話に絡めて言えば、実は子どものほうが健全な〈自我〉を持っていて、それをうまく解き放ってあげればいいだけの話なのに、親のほうがそれを下手にいじろうとしてしまう――つまりそれは親のエゴに過ぎないのですが――ことにより子どもが深く傷ついてしまうという現象は、実は治療者と患者さんとの関係の間でも結構な頻度で起きます。若い頃の自分を思い出してもそうです。巻き込まれて万が一患者さんが亡くなったりでもしたらかなり〈自我〉を脅かされることになります。

これは、三田さんのおっしゃった「指標」というものが非常に見えづらく、社会状況にしても教育にしても多層構造になっているので、真面目な治療者であればあるほど、巻き込まれるおそれがあります。それこそ、三田さんの小説ではないですけれども、「一歩引いた自分」というものをしっかり持っておいてほしい。これをメッセージとして伝えたいです。

三田：精神医学でも心理学でも、確立されている学問体系なので、たとえば認知症のように脳内物質や脳のメカニズムの問題が認知能力をスポイルしている、あるいは自閉症のように脳の化学的・物理（器質）的要因から起きている、というふうに、「指標」や「規範」からどのくらい外れているのかを、一定の基準に基づいて症例として「区分け」することがある程度可能なものもあると思うんです。一方で、脳内の状態に目に見える損傷はないけれども、パターン認識のミスが積み重なっていって、「正常」と呼ばれる状態から離れていることもある気がするんです。たとえば子どもの頃のトラウマとか、もともとの脳内の原因ではなくて、体験の蓄積の中で「プログラムミス」のようなものが起きたんじゃないかということを追究する領域もあるのではないかと思うんですが、そういう探求には社会状況や時代の変遷による影響はあるのでしょうか？　というのは、池田さんは現実に精神科の臨床に携わっているので、時代によって症状が変遷していくのを目の当たりにされているのではと想像したのですが、かつては落ち込んだりすることに対して「うつ病」みたいな言葉は使わなかったですよね？

池田：少なくとも一般的ではありませんでした。

三田：「あの人、ちょっと暗いよね」くらいの言葉で済んでいたと思うんだけれども（笑）。でも、結構今はうつ病になる人っていますよね。

池田：はい。

三田：それは、精神医学や心理学の研究が進んだので「ここからはうつ病だ」と区分けできる基準が設けられたので、うつ病と判定される人が多くなったのか、患者そのものが増えているのかということに興味があるんです。

池田：これは終わりのない問題ですね。私は社会の変遷による影響が大きいと思っています。なぜかと言うと、先ほど宇宙観について仏教と物理学が似たことを言っているというお話をされましたが、科学というのはある定義について、一見確からしいけれども、それがどうして正しいのかということについては確かめようがない側面があります。生物学的な研究が進む中で、ある程度脳の中のことが解決されてきたような「気がする」のにすぎないのだと思います。あくまで、「気がする」だけで、認知症にしても自閉症にしても、脳の器質的な原因や遺伝子の一部が関係しているらしいということが判明した程度です。さらに研究が進めば〈自我〉や〈私〉といったものについても、生物学的なモデルを提示できる可能性はあるかもしれませんが、環境的な要因を無視することは絶対にできないと思います。

三田：たとえば、私にしてもお酒を飲むとちょっと楽しくなったりして、それはアルコールの血中濃度が高くなったことによって人格に変化が起きています。お酒だけでなく、薬や覚せい剤などでも、その作用によって人格が変わるということは確かにありますよね。危険な薬はさておき、精神科の薬による治療は実証性のある研究に基づいていると思うんです。一方で、薬を使わないカウンセリングの中では、「あなたはこういう人ですね」と解明して励ましてあげる、と。そうするとその人は元気になっていくという世界もあると思うんです。

この両方を考えると、〈自我〉というものは非常に不安定で、不確かで、お酒を飲めばパッと違うほうに行ったり、何か一つの言葉で急に元気になったり、その程度のものなのかな、と。だから、「これが私だ」という確固たる〈自我〉は存在しないんじゃないかなという気もしてくるんですが、いかがですか?

池田：その通りだと思います。あんまり確固とした〈自我〉を持っていると、フレキシビリティ（柔軟性）が失われちゃって、かえって危ないのかなというふうにも思いますしね。それから、うつ病もそうです。今で言えば発達障がいがそうですが、現在は発達障がいという概念が独り歩きして一種のブームのようになっているようにも思えます。時代をさかのぼれば、ギリシャ・ローマ時代から「マニー（狂気：英語ではmania）」や「メランコリア（憂鬱：英語ではmelancholia）」もありましたし、それから「デマンス」といって認知症の概念も確認されています。ただ、当時なので治療法は何かというと瀉血《しゃけつ》だったり、まあ一種のショック療法ですよね。けれども当時の人は大真面目にそれをやっていた。

ですから、お答えになっているかわかりませんが、うつ病や発達障がいというものが認知されていなかった時代では、「精神病」というレッテルを貼られて、社会的には「無用な存在」とみなされて、長い間偏見を受けてきました。実際にナチスドイツの政権下では、当時盛んであった「優生学」という学問を根拠に精神疾患をもつ方々が、ホロコースト（ユダヤ人などの大虐殺）に先立って大量に殺されたという事実があります（「T4作戦」）。

第二次大戦中のことですが、つい最近のことと言ってよいでしょう。特に「こころの病」というものは目に見えにくいので、身体疾患以上に偏見にさらされやすいということは間違いありません。当時よりも、多少は時代が進歩して精神疾患に対する偏見は減少していると思われます。楽観主義的に考えるのならば、「多様な個性を受け入れましょう」という時代になっています。一方で、今回のセッションで触れたように、価値観の多様化によって、余計にいろいろなことがわかりにくくなってきている側面もあると思います。このような現象は、人間という種が生きている限り、ずっと続いていくのだと思います。

三田：近代になって単純な肉体労働から質的な作業が求められるようになって、しかも仕事の内容もどんどん新しくなっていって、絶えず勉強しないと仕事ができなくなる社会へと変化してきました。近代社会というのは労働者がプレッシャーにさらされる社会ですから、現代でそんなことを言ったらパワハラになりますが、「こんなこともできないのか」とか、「とにかく頑張れ」と圧力をかけて若い人たちを鍛えたわけです。そして、仕事自体も複雑でストレスを生じやすくなっているかなと思います。この辺りもうつ病の増加に関係があるのでしょうか？

池田：これもその通りだと思います。私が大学で接する学生さんのような現代社会の若い人たちは、物を深く考えることよりも、情報を処理する能力を求められるような社会構造になっていると思います。それは、機械が肉体労働の代わりをするようになったことは勿論ですが、特にSNSの発展に象徴されるような情報の氾濫が一因になっているでしょう。

情報が減少するということはあり得ないでしょうから、この問題は今後さらに深刻化するでしょう。私生活だけではなく、仕事上でも大量の情報を処理し続けるという状況にさらされると、「こころ」あるいは〈自我〉というものがどこかでキャパオーバーを起こして、精神的に変調を来すという可能性は高まっていくと考えられます。

三田：私もパソコンやスマホを新しくすることがありますが、しばらくはすごくストレス状態ですよね。どうしたらいいんだと（笑）。そういう変化への対応によるストレスというのは、学生さんも感じているのではないでしょうか。この間まで大学の先生をしていましたが、大学から支給されたパソコンがバージョンアップされて困ってしまって、他のところから詳しい人を呼んで助けてもらいましたが、何かそういう困りごとがあっても、今のこの状況だと、学生さんは誰かに頼るのがとても困難ですよね。

池田：本当にそうですね。何と言ったらいいんでしょうかね……今回、三田さんのお話を伺っていて、ある程度「孤独」に向き合う、あるいは「人間とは孤独なものである」ということを能動的に知っていくことがとても大切なのにもかかわらず、今の状況というのは「ほっといてくれ」と孤独になろうとしても親が抱えて離さない。SNS上で誰かに助けを求めたいんだけれども、あまりに情報が多すぎる。「とにかく誰かに聞けばいいんだよ」と言っても、聞くのには多少勇気が要ります。その前の過程でそこを突き破れるようになるために必要な、自分を取り巻く環境のなかでの試行錯誤をしようにも、サポートになるような地域社会もないし、親の代わりになるような親族関係も存在しない。これは、結構深刻な状況だと思います。

三田：時代が変わるにつれて生きづらい世の中になっていますね。ここから先は、若い人を励ます意味でも、池田さんといろいろな議論をしていきたいと思います。

セッション2　こころの自由

——周りとの折り合いのつけかた

池田：前回は三田さんの生育歴をお聞きしながら、育った時代背景、家庭環境なども聴き取りました。印象的だったのは本に囲まれた幼少期、そして小さい頃はお祖母様のところに預けられたこと、そして何より、いろいろなことに興味をお持ちの方だなと感じました。今でも『サイエンス』をお読みということで、このあたりはご著作を読んでいても感じます。もともと「コピーの三田」という理科系の会社という機械に囲まれた環境で育ったこともあって、理系の頭をお持ちだなと思いました。

基本的には気楽に話していただいて――「診療を受ける」というスタイルは取っていますが、別に診療を受けていただきたいわけではなくて、こちらからお願いをしているので、気楽に話していただく中で掘り下げていければと考えています。では、三田さんにまた少しずつ伺っていきたいと思います。

三田：池田さんは私の書いたものをよく読んでくださっているので気付いておられるかもしれませんが、そもそも、作家というのは〈変な人〉が多いです。特に私の書いているものは、割と「変な領域」のものなので、そういう〈変な人〉がいかにできたかということに、興味があると思います。池田さんは私の生い立ちや幼児体験にわかりやすいトラウマみたいなものがあると想像して質問をされたかもしれません。たしかに、「ふつう」の、元気で健康に育っている人は、急に小説を書き始めたりはしないかもしれません。

小説を書くというのは、本当に孤独な作業です。一人で書きますからね。漫画だったらアシスタントさんとか、何人かで分業して共同作業で描いていきますが、小説家の場合、本当に一人きりで書く、それも一つの作品を半年から一年、場合によっては何年もかけて書く間、ずっと一人きりでいるわけです。これができるのはかなり特異な性質の人だろうと思います。「作家になりたい」と思う人はたくさんいるんですが、これが長続きしないんです。なぜかと言えば、孤独に耐えられないからです。ですから、孤独に耐えられる人だけが作家として仕事をしているんです。その〈孤独に耐えられる資質〉というのは、天性のものなのか、何らかの形で培われたものなのか、それは考えていかないといけないかもしれません。

精神医学や心理学の領域で、患者さんになる人、それからそういう学問領域に興味を持つ人というのも、「ふつうの状態」からやや外れた人だと思うんです。人はどうやって、「ふつうの状態」から外れていくのかを考えていきたいと思います。私は小説家になりたいと思ったのは高校生ですから、そのあたりまでのことをお話すると、何か見えてくるかもしれません。

今日もどんどん質問してください。

池田：実は私も文系に進むなら小説家になりたいと思ったこともありました。本を読んだり、三田さんにアプローチしたりしているのも、自分の中で満たされない欲求みたいなものを実現してくれる人に出会ったからだと思います。

では、本日のセッションに入りたいと思います。前回の大きなテーマとして〈自我〉の発達というものがありました。でも、〈自我〉〈こころ〉〈考える〉といったことが、一体どこから出てくるんだろうかというのは、永遠に答えの出ないテーマです。一般的には、脳が出所だと我々は勝手に思っています。しかしそれは、脳が生物の行動を司る中枢であるから考える本体だと思われているだけで、実際は違うかもしれません。

一方でこのところのコロナウイルスについて考えると、脳こそありませんが増殖という「ふるまい」には何か〈考え〉を持っているのではと感じることがあるんです。ウイルスには細胞はなく、RNAがちょっとした膜に囲まれているだけの構造で、それが人間の細胞にとりついて、細胞のメカニズムを利用して増えていくという仕組みで増殖します。したがって、細胞を完全に殺してしまってはウイルス自体が生き残れません。人間の細胞もそれを受け入れているわけです。つまり、「ものを増やす」膨張系の仕事というのは、生命にあらかじめプログラミングされていることなのではないかと思うんです。減らすことよりも、増やすことを優先する。では、脳はそのプログラミングに対してどのような働きをしているかというと、ただコントロールをしているのだと思うんです。

前回、三田さんから宗教についてのお話がありましたが、お書きになったものの中にも面白い話がありまして、ビックバン理論が広く受け入れられたのは、キリスト教の「初めに光あり」という思想に合致していたからではないかという考えを示されていましたよね。精神医学や心理学も宗教と似ている点があります。心理学は「怪しげな学問」だと思っている方もいるかもしれません。多くの人から尊敬されている偉い先生は、ある種のカリスマ的な存在で、その先生が何か言うと「へえ」と言って従うという様子もあったりします。治療者と患者も、これに似た関係性にはまり込んでいく可能性があります。治療的にうまく働けばそれはそれでいいのですが、そういう側面があるということは注意しておかなければならないものです。心理学やカウンセリングがない時代は、宗教のカリスマが治療者の役割もしていたはずです。キリストなんかは結構良いカウンセラーだったんじゃないかなと想像するんです。弾圧されてしまいましたが。そういえばフロイトもヒトラーに睨まれてアメリカに亡命してから「精神分析」という思想が広まりました。

精神医学も、医学領域の中では「再現性に乏しい」という言われ方をしたりします。心理学も含めて、こころに関する学問領域には「疑似科学」的な側面があります。実験心理学という領域もありますが、不確かなこころの動きや症状について、実験を繰り返して検証することは難しいのです。仕方がないので子どもの頃の強い外傷体験をトラウマなどと名前を付けて、それを糸口に原因を掘り下げていく、といった手探りしかないのかもしれません。ですから、治療者が万能感を持ってしまうと宗教的な雰囲気を招く危険性がありますし、再現性に乏しい治療になったり、あまりよろしくありません。

昨今改めて脚光を浴びている「トラウマ」ですが、もともとは第一次大戦から帰還した兵隊にみられた戦争神経症[注1]から生まれた概念で、必ずしも幼児期の体験にあるとは限りません。コロナ禍での入院体験などがトラウマになる人も出てくるでしょう。そして、トラウマのような後天的な要因による症状と、オーガニック（器質的）な要因を分ける必要もあります。しかし、この二つの要因にも連続性があって、オーガニックな障害を受けていても環境因子の働きで、良い方向に適応することができます。

注１：戦争神経症は現在の心的外傷後ストレス障害（ＰＴＳＤ）に相当する疾患。たとえば大砲の音を用いただけで激しい手足のふるえを起こすなど「フラッシュバック」に相当する症状を呈した。

作家の幼少期についての語り

池田：では幼少期のことについて、三田さんに少し自由連想的に語っていただきたいのですが、お兄様が実家に置いていった本に触れる前の幼少期から、「猿飛佐助」とか「江戸川乱歩」とかを読んでいらしたと本にお書きになっていましたね。

三田：少しその話の前に、問題提起をさせてください。ウイルスの話ですが、人間のDNAもウイルスと同じ遺伝子ですね。ウイルスも人間も、殖えていくという点は同じです。ただ、人間とウイルスは両極端の存在だと思います。しかも、人間は動物の中でも特殊です。骨格だけを比べれば、他の哺乳類や鳥なんかとも同じです。では何が人間を人間たらしめているかというと、言葉を使うということです。言葉を発して相手が受け止めるというコミュニケーションをすることができる。なぜ、言葉が生まれたのかというと、獲物を追って集団で生活するためです。オオカミの遠吠えも何かへの信号のようですが、人間は共同作業をするためにより複雑な言語を獲得しました。言葉によって進化してきたため、人間という種の中でも言葉が不得意な個体は首の短いキリンと同じように淘汰されるわけです。つまり、意思疎通ができる人類だけが生き残ってきた。言葉を使って集団をつくりその一員として生きる、これは人間の本能みたいなものだと思います。「仲間と一緒にいると快適である」という本能もあるはずです。仲間と語り合うことが団欒《だんらん》になったり、言葉を交わすことそれ自体に喜びを感じたりするのは、人間の大きな特徴です。

　その集団の中に、「ひきこもり」の人、まあ小説家もそうなんですけれども、一人きりでいるほうが快適だと思う個体が出てくる。これはある種の〈病気〉なんだと思います。要するに、言葉を使ってメンバーと意思疎通をして、何を喜ぶか、何を悲しむか、そういう感情を共有する仲間から離れて、一人でいるほうに快感を感じるというのは、自然淘汰の原理から言えば淘汰される個体です。狩猟採集の時代なら、仲間がいなければ食料にありつけないので、生きていくこともできません。当然子孫も残せないので、そういう遺伝子はなくなってしまう。ところが現代社会では、ひきこもってもなんか飯を食わせてくれる人がいる（笑）。すなわち、一人でいるほうがいい人にも生き残るチャンスがあるということです。

それから、言葉を話しながら共同生活をしてきたとはいえ、文明の進化のスピードが速くなると今までの方法では立ち行かない状況に出くわします。そうすると、「変な人」が活躍するチャンスが生まれてくる。たとえば、天然痘の薬を発明したジェンナー[注2]という人は、自分の子どもを実験台にして種痘の注射をしました。ふつうの常識からしたら「変な人」ですよね、病気の牛の膿の汁を自分の子に植え付けるんだから（笑）。けれども、この人の発想のおかげでみんなが苦しんでいた病気が解決されて、他の人も真似をしてワクチンをつくり、ジェンナーは評価されて歴史に名を残したわけです。現代の文明は、集団から外れているかもしれないけれども、「変な人」の活躍が文明の進化を押し進める、そういう過程に来ているのだと思います。

しかし日本の社会というのは、欧米から比べるとやや遅れていて、前近代的というか封建的という

注2：エドワード・ジェンナー（一七四九～一八二三）は、イギリスの医学者。天然痘の予防において、種痘法を開発した。近代免疫学の父とも呼ばれる。

か、仲間意識や全体主義的な意識が強いので、「変な人」がいると排除してしまいます。「変な人」が元気に生きづらい社会をつくってしまっています。こういう状況の中でも、「こういうふうにしか生きられないんだ」と、自分は周りの人とは違うけれども、いろいろものを考えて発見したこと、思い付いたことを言っていきたいという人の代表が、小説家なんです。小説家は、一人でも頑張る人の可能性として存在しています。

私も自分の子どもの頃を振り返ると、中学生くらいまでは皆と一緒に遊べました。ところが高校一年生くらいから、クラスの友達とくだらない冗談を言い合うのが楽しめない気分になって、ひきこもりがちになっていくわけです。そういうときに、本というものがそばにあって、これは面白いなと思ったんです。入門書でしたが相対性理論の本なんかを読むと「うわぁ!」と思うんです。一方では「般若心経」を読んでみても、そこにもまた「うわぁ!」と思うことが書いてあるんです。そういう体験のほうが学校に行って友達と漫才をするよりもはるかに楽しい。そんなふうにしてだんだん学校に行かなくなり、登校拒否をして一人でものを考える生活になりました。

当時はもちろん「ひきこもり」や「登校拒否」といった言葉がなかったので、自分の状態を人に説明する言葉がありませんでした。「いや、学校に行かないで一人で家で本を読んでる」と言うしかありませんよね。今、こういう状態を表現する言葉があるのは、きっとひきこもりの人が増えているからではないかと思うのですが、そのあたりはいかがでしょうか。

池田：登校拒否というのは本当にいろいろなパターンがあって……。ちょっとその前に、今文学や創作活動についてお話がありましたが、幼稚園の頃の読書習慣についてお聞きしたいのですが、それはエンターテインメントとしてテレビを見るとかと同じように楽しんでいたのでしょうか？

三田：そうですね、最初に読んだのは江戸川乱歩の『少年探偵団』シリーズですね。四人兄弟の末っ子なので、兄や姉が読んでいた講談社の『世界文学全集』もあって、『ガリバー旅行記』とか『宝島』とか、子ども向けの古典が家に揃っていました。小学校五年生くらいになると、姉が持っていたエルキュール・ポアロのシリーズを読み始めて、自分でも推理小説の文庫本を買って読んでいました。「小説というのは面白いなぁ」と思ったのはこの頃ですね。本というのはどこでも読めるので、特にひきこもらなくても、授業中も読めるし学校の休み時間も読める。家に帰って相撲とか野球のテレビ中継を見ながらでも読めるんです。相撲は止まっている時間が多いですから、「ハッケヨイ、残った！」と聞こえたらパッとテレビを観ればいい（笑）。それでまた本に戻るみたいなね。だから、暇さえあればずっと本を読んでいるという状態でした。

　ただし、家にある本も限りがありますから、同じ本を何度も読むわけです。そうすると、知らないうちに小説の書き方がわかってくるんです。ストーリーは頭に入っていて、言葉まで暗唱できるし、次の頁にこういうことが書いているなと思って頁をめくるんですね。たとえば、わからない言葉が出てくるとそこが引っかかりますよね。「情が濃やかだ」と書いてあって「これは『優しい』という意味だろうか」と考えながら、一回目は読み進めていく。それが何度も読むうちに、次の頁には「情が濃やかだ」という言葉が出てくるなと、もうわかっているんですね。そうやって、気になる言葉が全部頭の中にあると、そのつながりでストーリーができ上がってくる。だから、その本を閉じてヨーイドンで最初から書けと言われたら大体書けるくらいになります。これが中学三年生くらいになって、推理小説みたいなものを書いてみようということになってくる。高校一年生のときは、ツルゲーネフが好きだったんですが、長編が六つしかなくて全部読んでしまうともう読むものがないので、「じゃあツルゲーネフの長編を自分で書こう」と思って、ロシアを舞台にした〇〇スキーというロシア人ばっかり出てくる小説を書きました。六〇歳を超えてドストエフスキーの長編四編を書き換えるという、大仕事をしたときに、登場人物は全部ロシア人ですから、ああ、昔からこういうことがやりたかったんだなと思いました。

結局、一人遊びですよね。人間は一人でも遊べるんだということを、子どもの頃から感じていたんです。昨今いじめの問題もよく耳にしますが、いろいろないじめがあるとは思いますが、「皆から無視をされた」というのを聞くと、無視をされても人間は一人で楽しんでいけるものだ、と思ってしまいます。しかし、ふつうの人はそうではなくて、「仲間がいないと生きていけない、仲間を求める」という本能があるのだと思います。

私も小説家になって、小説家と付き合うようになると、その人たちは「孤独を共有する仲間」としては必要です。孤独の愉しみと、本当の寂しさを知っている人は作家だと思うので、そういうものを知っている人とは付き合っていけるかなと思っています。

書く才能と育った環境について

池田：ありがとうございます。今お聞きした中で気になったことが二つあります。仮に私を「ふつうの人」だとすると、本を読むことはできるんですが、次の頁をめくると何が書いてあるとか、自分でイマジネーションを膨らませて空想の世界で物語をつくっていくことを楽しいと感じて、それがいまだに小説家として続いている、これは非常に特殊な才能だと思うんです。ご自身ではどう感じられていますか?

三田：でもね、結構全国に同人誌というのがあって、お金にはならないけれども小説を書いている人はいっぱいいるんです。ネット上にも創作のサイトはありますし。ただネット上の創作の多くは、私から見ると、モノローグがずっと積み重なっているだけで、物語にはなっていないように感じます。これを若い人は「小説」と称しているようですが、ひところのケータイ小説[注3]もそうですよね。ふつうのブログは、最新の記事が上に重なっていきますが、ケータイ小説は新しい記事を下につなげることができるので、最初から読んでいくと小説みたいになるわけです。構成自体はシンプルで、書いている人とは別のアバターみたいなものが設定されていて、現実の本人は幸せな家庭に育っているんですが、アバターのほうは貧しい家の生まれとか、親が離婚して新しく来た父親が娘に迫っていくとか、そういうシチュエーションを構造として全部モノローグで書くわけです。たとえば「今日も母親が外出して父親と二人きりになった。父親が私のほうを見ている。また触ってくるんじゃないか……」とか、こういうモノローグを重ねていくと小説らしくなるんです。こういうのを一人きりで書いている人はたくさんいるんじゃないかと。

「変な人」の部類には入るのかもしれませんが、孤独な時間に何かを書いている人は結構いますので、

注3：ケータイ小説は二〇〇〇年代中盤にブームとなった携帯電話を使用して執筆し閲覧される小説群。

その人のすべてが病気であるわけではなくて、ただひきこもって楽しんでいるだけだとは思います。

池田：ありがとうございます、ただ、フィクションを紡げるかどうかというのは、才能の気がするんです。小説が商業媒体として確立されてきたのは近代以降になると思いますが、たとえば、三田さんも本にお書きになった紫式部――「変な人」と言えばそうなのかもしれませんが――は非常に才能があって、ただ自分で書くだけでなくそれを読む人を想定して、音声言語でなくて文字言語でひとまとまりの作品を構成していました。それは難しい作業だと思うんです。こういう人が現れてくる歴史などについてお聞かせいただきたいのが一点です。

それから、〈孤独になる〉ための作業として何かを書くというのは、現代の若い人たちは結構熱心であると思うんです。SNSをはじめ、それが一つの文化になっている。そうなると今度はその中で孤立する人が出てきて、孤独のありようが我々の頃とは変質している気がするんです。ネットでつながって仲間意識を共有できる面もあれば、先ほどおっしゃった「無視される」だけでなくて、言葉によってつながった仲間から裏切られるということも頻繁に起きています。そのあたりはどう感じられますか？

三田：紫式部のいた平安時代は、天皇中心の時代でした。藤原摂関家が自分の権力を維持するために娘を天皇の皇后や中宮、女御に押し込んで、男の子が生まれたら天皇にする。これが政治のメカニズムになっていたので、皇后や中宮に仕える女房たちの村社会みたいなものができていて、ここに宮廷文化が生まれました。女房たちが暇なときに物語を語る人がいたのだと思います。当時の人にとっても文字を黙読するのは大変だったので、声に出して語る人がいました。ただ、だんだん同じ話だと聞き飽きてくるので、紫式部のような作家が新しい物語を話し始めます。最初は話していたが、面白いから書き留めておけということになって、それがどんどん長くなっていったのだろうと思います。これは、ある種閉じられた社会の中での言葉の流通です。

ヨーロッパの歴史を見てみると、いわゆる「ロマンス」というリュートやギターを抱えて音楽とともに物語りをした人たち──日本では『平家物語』の琵琶法師みたいな人たちですね──がいて、『アーサー王伝説』などを語りました。中世ヨーロッパの住民は引っ越しの自由がありません。日本も江戸時代までは農民の長男が家を継がないといけなかったり、やはり基本的には自由がありません。それが江戸や大坂（現在の大阪）が都市化してくると人手が足りなくなるので、近郊の農民の次男・三男が都に出てきて仕事をするようになります。いわゆる中世でも近代でもない「近世」は、世界でも特異的に「自由な農民」が江戸や大坂といった都会に集まって、文化の担い手になりました。ヨーロッパは封建的な時代が長く続いていて、近代化されるまでは職業の自由がありません。二、三〇年前まで階級制度の名残みたいなものがあって、大学を出ても就職面接で親の職業を聞かれて「農民です」と言うと会社に入れなかったりということがありました。日本は戦争に負けて階級がご破算になり、華族制度もなくなりましたから、親が労働者でも大学を出たら一流企業に就職できる自由が生まれました。その代わり、親の世代のコミュニティからは断絶されました。

私が大学で教えていたときに学生によく言っていたのは、「自由というのは実は不自由だ」ということです。なぜかと言うと、何をしたらいいかわからなくなるからです。親の職業を継がなければならないという社会に生まれると、何の迷いもないわけです。親と同じことをしていればいいので。それに、親の職業を通じたコミュニティの恩恵にもあずかれるので、自分がその職業に就いたら自然と仲間がいるんですね。ところが近代社会では親の職業とは切り離されているので、自分のコミュニティを自分でつくっていかなければならない。これがものすごくプレッシャーになる人もいるのだと思います。うまく自分のコミュニティをつくっていける人は大丈夫ですが、失敗してしまうと仲間がいない状態に放り出されます。最近、友達がいない子が増えている気がしますが、その一因は近代社会にあるのかもしれません。近代社会では、よほど地方都市でない限り、親のコミュニティに入ることができないので、友達や自分のコミュニティがない人は生きづらくなります。これが「近代病」とも言うべき困難なのかもしれません。

私の場合、親が会社を経営していて、最初の頃は同族企業で、叔父が部長をしていたり、親戚の集まりみたいな感じだったんです。祖父の家に遊びに行くと、社長と部長二人が揃っていたり、従兄たちもそこに組み込まれている。高校生くらいまでは私もそのコミュニティに参加していたのですが、あるときそこからポロっと抜け落ちたんです。ただ六歳上の姉は先に抜け落ちていて有名な女優になっていたので、「ああ、簡単なんだ」と(笑)。自分もそこから抜け落ちて、一ついい小説を書けば有名になれると一生懸命生きていきました。ですから、割と簡単にコミュニティから脱出したわけです。

それが核家族化が進んでくると、周囲のコミュニティというものがなくなります。団地に住む人が増えてきて、これは生産とは切り離された住居ですから、親の職業もバラバラでたまたま同じところに住んでいるということ以外は共通点がないのです。そうすると、自分が大人になったときにまったく一人で自分の住む場所から何から決めなければならない。これは人によっては大きな不安になるので、もしかすると「こころの病」みたいなものを引き起こすきっかけになっていったのかもしれません。

池田：ありがとうございます。もう一つ、現代社会で特徴的な「ネット」についてお聞きしたいのですが、これは現代でコミュニティの代わりにはなり得ないのでしょうか？　私はここには限界があると思っていて、疑似コミュニティのようなものがつくられても、リアルな人間関係と違って浅かったり危険な面もあるので、孤独に耐えられる能力が少ない人にとっては「毒」にもなるのかなと思うのですが。

三田：まず、大人がネットを使うのと、子どもがネットを使うのは少し違いますよね。高校生くらいまでを子どもだとすると、まだ親の束縛を受けるのでその状況でネット上の知り合いをつくるわけですが、知り合った相手が「本物」かどうかの判断は難しいですよね。もともとSNSの多くは紹介制だったんですが、それはなし崩しになってしまって、正体の知れない人も入り込んでくるので、犯罪に結びついたりしています。「オフ会」というネットから生まれたリアルなコミュニティもあるので、バーチャルな世界で会っていた人たちが実際に会ってみてもいい仲間になれたということももちろんあるでしょうけれども、そもそも会うかどうかを判断する入口の時点がバーチャルなので危険を伴います。したがって、ネットのコミュニティは顔が見えない時点で、もう疑似的なものに留まらざるを得ないのだと思います。生身の人間から切り離された世界でのやりとりは、パソコンを閉じれば孤独な自分に戻ってしまいますからね。

池田：セッション1でも話が出ましたけれども、江戸時代以前からその萌芽はあった全体主義的な思想が戦争を経てチャラになる、と。その後、三田さんはお生まれになりますが、これはトラウマと言っていいのかわからないのですが、『Mの世界』[注4]にお書きになっていた、人生の最初の記憶が三輪車に乗っていたときに事故に遭って自分が自分でなくなる感覚を味わったということ、その時にお父様が狼狽されて近所の医者に縫ってもらったというお話もあったと記憶していますが、これについて少し深く聞かせてください。たとえば、虐待を何度も受けた子どもは、その体験を感じないために自分の記憶を消失するようになる（解離）ということが言われています。それで、意味があるのかどうかはわかりませんが、それなりに強烈な体験の記憶があるかどうかを探りなさいと、我々精神科医は言われています。それを踏まえて、今例を挙げた三田さんの幼少期の記憶についてお話しいただけますでしょうか。

もう一つは、学生運動のことです。三田さんを語る上でもここは避けて通れないことだと思いますが、一方では社会状況というのも必要な情報だからです。三田さんが物心つくあたりの時代背景を少し年表的に振り返ると、

一九五三（昭和二八）年　NHKのテレビ放送開始
一九五四（昭和二九）年　第五福竜丸被ばく
一九五九（昭和三四）年　東京タワー完成
一九六〇（昭和三五）年　日米安全保障条約締結

といった出来事が続きます。

個人的な体験ばかりを聴き取っても、実は治療の発展性はないのです。精神科医や心理士は割とそれが好きなんですが、最初に三田さんがおっしゃったように、社会というものがあって我々がいる、さらに脳ができたどうこうと言う前に遺伝子がある、といった〈自我〉の前提要素があります。三田さんのお子さんお二人にしても、生まれたときから特徴が違うとおっしゃっていましたが、固有の特徴を持って我々は生まれてくるということを理解しないと、個人史ばかり追っていたのでは行き詰ってしまいます。精神科医や心理士が「探偵」のようになって、社会的状況とその人の個人的記憶をミックスしてとらえていく中で〈ひずみ〉をアセスメントしていく、これはどのような理論に基づいてアプローチするにかかわらず、非常に大切な能力です。

そこで、幼少期の記憶——何歳くらいからどのようなこと思っていたのか、それから社会にひらかれる前の三田少年、高校くらいまでは世の中のことをどうとらえていたのか、この二つを自由に語っていただけますでしょうか。

身体から離れていく〈自我〉

三田：〈自我〉というものを自分が意識するようになったのは高校生くらいの頃だと思います。それ以前の三輪車の事故の記憶ですが、前から自転車に乗った高校生が来たんですね。その瞬間に、ハン

注４：『Ｍの世界』は三田誠広が十七歳で書いた処女作。「文藝」学生小説コンクールに入選。

ドルを右に切るのか左に切るのか考えたんですが、もうちょっと近づいてから右に切ろうと思っていたら、近づいたら相手は左に切ってぶつかりそうになった。だったら自分は右に切らずにまっすぐ進もうとこころの中では思っているんですが、頭の中では右に行くと決めているんで、身体も右に向かっている。このときに思考している〈自我〉と、もう右向きにハンドルを切ろうという身体が分裂して正面衝突しちゃったわけなんです。ささいな体験かもしれませんが、自分の〈自我〉というのはあやふやなものだと痛感しました。「ぶつかる」と思っているのが〈私〉なのか、もう右にハンドルを切ろうとして身構えているのが〈私〉なのか、どちらが〈私〉なのかわからないわけですよね。そういう体験は皆さんにもあると思うんです。びっくりしたときにとんでもないことをしたり。

ふつう冷静な状態では、ここに自分の身体があったら〈私〉みたいなものは（胸のあたりを指して）この辺にあるのかな、まあ口が喋るので心臓と口の間くらいに〈私〉というものがぼーっとあるような感じでいるんですが、緊急事態になると〈私〉が身体から離れていって、ちょっと離れたところから私を見下ろしているという感じになることがあるんです。たとえば、大学で九〇分の授業をするときは、もう私の魂は飛んじゃいます（笑）。教室の上くらいのところにいて、自分がオートマチックに話している感じになります。講演をするときもそうですし、小説を書いているときもそうだと思います。私が小説を書いているんじゃなくて、手はオートマチックに動いていて、ちょっと離れたところに〈私〉みたいなものがいるんだろうな、と。会社で仕事をしている人も、〈自我〉というのは絶えずここにあるわけではなくて、ちょっと離れたところにいて仕事をしている自分を見ているということはあるんじゃないかなと思うんです。そういう動きをするのが〈自我〉なんじゃないかなと。

私が最初に書いた『Mの世界』という小説は、〈自我〉がふっと離れていくような瞬間は、小説として面白いんじゃないかなと思い、そこを強調して書いた作品です。ふつうの小説ではなくて、新しい小説が書きたかったんです。ふつうの小説って、「〈自我〉はここにあるんだ」ということを前提としてストーリーが進んでいくので、話の途中で〈自我〉が離れちゃうみたいなこと書くと、小説の前提が崩れてしまうわけですけれども、離れていることはよくあるよということを書きたかったんですね。

サルトルの『嘔吐』という小説はまさしくそういう作品ですよね。主人公が公園のベンチに座っていて、「私とは何か」と考えているうちに私とは何かがわからなくなっていく、その状態が吐き気がするほどのものだと語られている。ドストエフスキーの『地下生活者の手記』にも同じようなことが書いてあります。この小説では、近代科学では人間の行動なんてオートマチックに決まるものだと言っているけれども、ふっと振り返って誰かにアカンベェをする自由は私にもあるのだと、そう言う主人公が売春婦のところに行って、ちょっと優しい言葉でもかけてやりたいなと思った瞬間、その〈自我〉から離れて、黙ってお金を払って帰って来るという……そんなことだけでも小説になる。こういう新しいタイプの小説がブームになりかけていた時代というのもあって、〈私〉が私の肉体から離れていくというのはネタになるかなと思って書いたのが『Mの世界』です。

けれども、ふだん散歩をしていても、〈私〉がずっとここにあるわけではなくて、考えごとをしながら歩いていると〈私あるいは自我〉がどこにあるか良くわからなくなるということは誰にでもあるのではないかと思います。たとえば心理士がクライエントと話をしているとき、自分のほうが病気的になることとってないですか？

池田：あります、あります。「あります」って言ったらあれなんだけど（笑）。相手にのめり込んでしまうときというのは、後に冷静になると反省するんですが、そのときは冷静な自分が保てていないんですね。自己陶酔的になっていたり、自分を客体として見る観察自我をしっかり持っていなかったり、結局ろくでもないことになって後処理が大変だったということは、結構あります。

三田：自分が考えていることというのは、たとえば今私がしゃべっていて声になっているのは「一本の糸」のようにつながった、まとまった内容ですけれども、それとは別のところで「ビール飲みたいな」とか、いろいろな考えが出てきますよね。それを言わないだけで、大学で文学史の授業をしているときも、小説のアイデアが閃いたり、「ここにいる女の子かわいいな」と思ったり（笑）。そんなふうに考えは湧いて出てきますから、漫画の吹き出しみたいに、話していることとは別のことを考えていたりする。それから、喋っている「一本の糸」の先のほうを考えていることもあります。「今日の話はどんなオチにしようか」「まだ時間があるから次の話題に入っても大丈夫だな」とか、未来のことを考えている。私がしゃべっているときも一つの〈自我〉ではなくて、総合的にいろいろな〈自我〉がせめぎ合って一つのことをしゃべっている。〈小さな多重人格〉みたいなものですよね。

私が三輪車に乗っているときの、ふっと自分がわからなくなる体験というのは、後になってから自分を客観的に見るきっかけになったと思います。たとえば高校時代、朝起きて学校に行くのが面倒くさいなぁと思ったときに、今日は我慢して学校に行くのか、図書館に行って本を読むのか、どちらにするのかはぎりぎりまでわからない、けれども気が付くと図書館にいる自分がいる（笑）、なんていうこともあります。好きな女の子に声をかけようと思った、けれども声をかけられなかった自分がいる。こういうふうに、右へ行くか、左へ行くかといったときに、これはやや哲学的に言うと「明日の自分だけでなく、次の瞬間の自分はどこに存在しているかはわからない」ものなんです。結局、何か行動していくことによって一つの〈自我〉ができていく。だから、明日の自分は自分でつくっていく、これが〈実存〉という考え方です。けれども、そう言われてもできるかどうかわからない、結局できなかった自分が残るかもしれない。だから実存主義というのは哲学の一つの考えではあるのだけれども、現実はそうそううまくいかない……。自分自身を未来に向けて投げかける、これが実存だと言うけれども、思った方向に投げられなかった自分というものが残ってしまう。それが積み重なっていくとだんだん「うつ」になっていく、ということはあるのかもしれません。

時代との関わりについて

三田：もう一つは時代との関わりですが、私は戦争が終わって三年後に生まれています。生まれた瞬間のことは覚えていませんが、三歳くらいから周りの記憶があります。あちこちに貧しい生活があったり、道路が舗装されていなかったり、昔ながらの和風のお惣菜を食べていたとか、それから、りんごやみかんは食べられるけど、バナナは高くて食べられないとか。そういうのは覚えています。

その後身を投じることになる学生運動については、小学六年生のときにテレビのニュースと新聞で、安保闘争で東大の学生であった樺美《かんば》智子さんが亡くなったことを知っています。九歳年上の兄は東京で学生運動をしていたので、テレビに映るデモ隊の中に「お兄ちゃんいるかな」と探したりもしていました。こういう状況の中で、小学校六年生でもそれなりの見解を持つようになるわけです。日米安全保障条約というのをアメリカと結ぶと、でも、アメリカというのはその十五年前までは敵であって、その敵と条約を結ぶというのはどういうことかと思ったりしました。また、その少し前に朝鮮戦争が始まったことも知っていました。じゃあ日本がアメリカと条約を結ぶと、アメリカがまた朝鮮で戦争をしたら日本の兵隊もそこへ行かないといけないのかと。実際、その後、ベトナム戦争が起きたとき、日本から派兵しませんでしたが、韓国の若者は兵隊としてベトナムに派遣されています。ですから、当時の若い日本人にとって、アメリカと条約を結ぶというのは、直接自分の命の危険に関わることだったと感じていました。

政治家が簡単に条約を結んでしまうということに対して、学生が反対をしているのは当たり前のことだと、小学生だった私は考えていました。その思いが、高校、大学と進んだときに自分の「実存」と関わってきた、今になるとそう思います。

私が学生になった頃はベトナム戦争の最中でしたが、当時の状況を今になって振り返ると、日本は経済的にアメリカに加担しようとしていて、アメリカ自身は後になってあの戦争は無駄だったと反省していますから、学生が政界・財界の動きに反対したのは、もっともなことだと今も思っています。学生たちは、戦争でいったん日本経済が白紙になってから、その延長線上に自分たちの未来があるわけですから、これからの経済はどうしていくべきかを日常的に考えているのです。そういう時代でしたので、「若者というのはそういう、社会に対して意見するものだ」という考え方が、私の中には今でもあると思います。

それから、先ほども言いましたが、人間は仲間がほしい生き物です。あるコミュニティに生まれてきて、そこに帰属することによって自分が大人として位置づけられていく。「大人になる」というのは、どこかの集団に所属して立ち位置をはっきりさせるということだと思うんです。私たちの時代は、高校に進学する人すらも多数派とは言えず、中学校を卒業して働く人もいましたし、公立高校は成績で「階級化」されていました。私が入学したのは進学校でしたが、成績の上から一〇人くらいは東大に、八〇番くらいまでは京大に、一五〇番目くらいだと阪大と、大体決まってるんです。そこからドロップアウトして、僕はもうどうでもいいやと思っていたんですが、その中にいるか出てしまうかで、帰属する集団も限定されてくる。

こういう「階級化」されたところとは別のところに学生運動はありました。実は自分もセクト、つまり運動の同盟員になりたかったんです。高校生なのに同盟員になった友人が五人いたんです。その五人は私にとってとても親しい人たちだったので、同盟員になるというと「おお！」と思うわけです。その気持ちというのは、「若者がこの国の未来のために、命を懸けて戦うんだ」ということを友達が言う傍らで、「僕は小説家になる」と言ってひきこもっている。そのことの寂しさというか、友達がいなくなってしまう感じがしました。彼らは反体制運動に身を投じるという形で集団に帰属していったわけですが、そこに自分は入れなかったという思いも持っています。

ただ私の場合、二九歳のときに芥川賞をもらって、文壇という一つの社会に帰属することができたので、そこでちょっと楽になりました。しかし、小説家というのは売れなくなったらただのフリーターですから、不安感は常にありました。そういう不安もあるので、大学から声がかかったら教え始めて、そうすると大学の先生と友達になったり、教え子もできたり、新しいコミュニティに入ることができた。それを精神の支えにするということもあったと思います。

高校生のときに友人が反体制運動に入っていく中、自分は入っていけなかったというのは、私にとって一つのトラウマかもしれません。

前回もお話しましたが、学生運動の仲間で山﨑博昭君という人が、「羽田事件」で一人だけ亡くなりました。同じ高校の同級生で、高校時代はいわゆる「ガリ勉」でストレートで京大に入ったので、それほど親しくはなかったのですが、それでも私の仲間たちで大学生のデモに入ろうと誘うと必ず参加してくれました。彼が亡くなったのは一九六七（昭和四二）年でしたがちょうど五〇周忌の二〇一七（平成二九）年にモニュメントを造ろうということで、講演会をしたりしてカンパを集めてデモの出発点の近くのお寺の一画を買って、そこに建てました。こういう運動をしていたら、興味を持った映画監督がドキュメントを撮り始めて、映画になったんです。この監督は、私の小説に登場するモデルとなった友人たちに話を聴きに行って、四時間近い大長編になりました。私の高校時代の友達がたくさん出演しています。この間試写会があったのですが、見ていると皆大学一年とか割と早いうちに組織を辞めていたんです。高校時代は自分だけ組織に入らず仲間外れになってしまったような寂しさを感じていたのですが、実は皆どこかで区切りをつけていた。けれども、私の場合は、周囲のほとんどが受験勉強をする中でドロップアウトして一人で小説を書いていた、その孤独感が書き続けるバネにはなっていたとはいえ、今から思うと、やっぱり寂しくつらい青春だったなと思っています。

この山﨑君の「10・8山﨑博昭プロジェクト」は今でも続いていて、月命日の八日にお墓参りをしていますが、私はモニュメントが建った段階で身を引きました。
池田：大変興味深いお話です。人は皆、それぞれの「実存」を持って生きるためには、何らかのフレームつまり構造に帰属することが不可欠で、その意味でも、実存主義の後に構造主義がブームになったのは必然的な流れだったのでしょうね。

自由の難しさ

池田：三田さんの時代の若者のつらさと、今の時代の若者のつらさとを比べてみると、今の人たちは共有される「フレーム」がない、あるいはあまりに多様化された中で生きていかなければならない、しかも孤独を生き抜くとか耐える力をどう身につけるか、誰かが教えてくれるわけでもありません。
先ほど「実存」というお話がありましたが、我々は次の瞬間どうなるかわからないなかで選択を続けることで生きています。三田さんの登校拒否を一つの選択として捉えると、詰め込み式の受験勉強には興味を持てずにある意味それに対するレジスタンスとして学校に行かなくなった。これが能動的選択であるにしても受動的選択であるにしても、人生の大きなターニングポイントになったのは間違いないと思うんです。小説を書き続ける孤独に耐える一方で、学生運動に参加する中でいろいろな出会いが生まれて、社会に開かれた自分というものができて、その間を行ったり来たりする中で材料を得て、『Mの世界』という小説が生まれた気がするんです。三田さんの作品を読んでいると、フィクション、ノンフィクションに限らず感じるのは、〈現実〉と〈観念的な世界〉を行ったり来たりしながら今のご自分をつくっていったのかなと。そういうフレームの中で〈自我〉を確立されていった。

私自身にもそういうフレームがあって、父親が医者であったことがコミュニティの中での「しばり」になっていたと思うんです。ただ、産婦人科を継ぐかどうかには懐疑的で、高校生くらいのときは父親に反抗したりもして自分をつくっていったのかもしれませんが、現在は罪滅ぼしのように両親と同居したり、一方で自分の家庭をつくる上での反面教師にしたりもしています。

ただ、私たちの世代でもそういうフレームが確固たるものとして機能していたかというと、必ずしもそうではなくて、「わけがわからなかった」という気がします。心理療法というのも同じで、あやふやなものです。三田さんを見るときにも、〈自我〉をつくっている創作がまったくできなくなったらどうなるのか、どの時代の人間もそのくらいあやふやなものなんだと思うんです。

〈自我〉というものがどこにあるのかを考える上で、学生運動とも関わる一つの時代的事件を起こした三島由紀夫さんのことも思い出されますが、ナルシシズムというものの厄介さも大きな問題になるでしょう。

心理療法をやっていると相手の〈自我〉に引っ張られたり、自分のナルシシズムでもって相手を治療しているような気になってしまって実は自己陶酔以外の何物でもないということがあったりします。三島さんの場合どうして自殺してしまったのかと考えると、頭が良すぎたのかもしれませんが、イデアとか自分の〈観念の世界〉を追い求めるうちに、自分と他人の〈境界〉が曖昧になってのめり込んでいってしまったのかもしれませんよね。最後までイデオロギーのまったく異なる学生たちと討論したり能動的な活動もしていましたが、結果としてああいうふうになってしまった。能動的に活動しすぎたのかも知れません。

三田：三島さんの「楯の会」のように、ある種の運動体をつくると、後に退けなくなるということもありますね。ましてや自分が運動体のボスになると指導者としての「私」、公の「私」みたいなものが立ち現れてきて、個人として「ちょっと怖いな」とか「どうでもいいや」と思う〈自己〉があったとしても、それを打ち消してしまって「カリスマ」にならざるを得なくなります。そしてどこまでも「カリスマ」として在り続けるにはもう死ぬしかない。そういうものだったと思います。

戦争における兵士の陶酔もある意味でそういうものかもしれませんが、「企業戦士」という言い方があるように、企業の中でも「戦う人」が出てきます。例えば、水俣病問題のとき、企業側に公害闘争を潰しにかかる社員がいました。傍から見ると嫌な仕事だなと思うんですが、当人としては仕事だからしょうがないし、もしかしたらそこに命を懸けているかもしれない。あるいは、そういう仕事をずっとやっていると、「反対闘争なんかやってる奴はけしからん」というふうに思い込まざるを得ない、そう思ってないと仕事が続かないのだろうと思います。でも、それは本当の〈自我〉じゃないんじゃないかと思ったりしますが、知らないうちに染まっていってしまうんでしょう。

思春期くらいまではおそらく何にも染まっていない、未来にいかなる可能性もある〈実存〉として存在しているんでしょうけれども、大人になって社会に出ると、大多数の人の〈自我〉は柔らかさがなくなって、「干物」みたいになっちゃって（笑）固定化されてしまうんじゃないかなと。〈自我〉が固定化されてしまった人が、例えば失業なんかしたりすると、がちがちに固まっていた〈自我〉にひびが入って、これがいわゆる病気的な状態ではないかと思います。フレキシブルでいられれば病気にならないかもしれないですよね。何か自分をつくってきたものが壊れてしまって、びっくりしてどうしていいかわからなくなる。三島さんの場合も、あれ以外には生き方がなかったんじゃないでしょうか。

池田：三田さんの〈自我〉はかなりフレキシビリティがあるように思いますが、ご自分ではそう思われませんか？

三田：基本的に常に「どうでもいい」と思っているんです（笑）。大学の先生は定年でリタイアしたのですが、今でも編集者がいてお付き合いのある出版社もあって、自分のやりたいことを企画して語っています。「ドストエフスキーの書き換えをしたい」と言ったら、面白いと言ってくれたので、引くに引けず『カラマーゾフの兄弟』の続編まで五、六年かけて四冊書きました。このときは、一度プランを言ってしまったので最後までやりましたが、心の中では「力尽きたら止めても許してもらえるだろう」と思っていました（笑）。身体が病気になったらできませんしね。大学の先生をしていたときもそんなことを思っていました。学部長になったときは就職率まで考えないといけないので大変でしたが、この人ならできると思って任されるので、嬉しくなって引き受けると、やっていくうちに調子が出てきて、まあやれるかなという感じがしてくる。

実は、小説を一冊書くというのは、「書ける」と思って書き始めるのではないんです。そんなことは一度もありません。書き始めるとき最初は「そんなの書けないだろう……」と思いながら始めるんです。三分の二くらいに来たときに、やっと書き上がりそうだなという気がしてくる。でも三分の一だとまだとても完成しないと感じる。そう思っていないと楽しくないいんですね。

だから、少し重荷かなというくらいの仕事をしているときのほうが、心理状態はいいですね。「何をしてもいいよ」と言われると、逆に不安になります。何していいかわからないから。軽いプレッシャーを与えてくれる仕事があるといいです。今はまた、本を出す仕事が増えて、ちょっと大変ですが、まあ、こんな感じで死ねれば本望かと（笑）

池田：少し凡人ぽいところが出て来て安心しています（笑）。軽いハードルみたいなものを、自分の中で設けたり、あるいは第三者につくってもらって、そこに向かって休みながらやっていく、仲間の手を借りながら取り組んでいくというのがいいんでしょうね。

子どもや若者との関わり方

池田：三田さんのご次男が中学受験をされたときのことを書かれた『パパは塾長さん』という作品がありますよ。その本での子どもへの関わり方が、一言で言うと「ちょうどいい」んです。子どもの〈自我〉の発達を考慮して少し距離を取りつつも、子どもの受験情報は綿密に調べて、かつ父親としての一貫性を保つという、バランスの良さを感じました。この関わり方は現代にぴったりだと思います。今の中学受験は遅くても小学校四年生くらいから準備が始まりますが、昔に比べて現代は親子共に多くの情報にさらされて、特に親がそのバランスを保てないように思います。

現代は昔よりも〈自我〉が弱くなっているというか柔軟性が保ちにくいような社会構造になっている気がします。したがって、教育的には相手の立場も客観的視点も踏まえつつ柔らかく抱え込むことがいいのですが、あまりそういう関わり方ができない。

これは心理療法にも言えることで、カウンセリングでは一時的に〈自我〉が不安定になっている患者さんを治療することが多いのですが、治療者が強い〈自我〉を持って対すると混乱が起きます。ところが——もちろん医学的にも社会的にも妥当であるという前提はありますが——「面倒を見る」「養生をさせる」ために必要最低限のお世話をすると、うまくいくことが多い。これはまさしく、三田さんがお子様になさった「ちょうどいい感じ」に通じるところが多いと感じました。この点について現代を生きる人、特に親の世代に良いアドバイスはないでしょうか。

三田：私が息子に伝えたかったのは、受験勉強は嫌々やるものではなくて、「問題というのは面白いし、とにかく考えるのはとても楽しいことなんだ」ということでした。だから面白い問題があると一緒に面白がって、考えて何か新しい発見をしていった。問題には答えがありますが、答えを丸暗記するのではなくて、プロセスを楽しみながら考えて答えが出たときの悦びみたいなものを伝えたかったんですね。それをちゃんとできたから、子どもはまっとうに育っていったのだと思います。今は企業で研究者をしていますが、毎日仕事を楽しみながら給料を貰えています。「これは楽しい」というのを子どもに伝えるのが大事です。

私は文学部の先生をしていた頃、毎年ゼミの学生を二〇人くらい社会に送り出していましたが、そこでも「人生は楽しいぞ」「会社に入るとまた新しい友達ができるよ」と伝えていました。言葉はよくありませんが、私のゼミに入る学生たちは皆小説を書こうとしている人たちだったので、ある意味「ひきこもり」状態で大学に入ってきます（笑）。でも、同じ「ひきこもり」の人たちで話をするのは楽しいよね、と。ゼミでは一人ずつプレゼンテーションをしてもらうのですが、同じように「ひきこもり」であっても状態はそれぞれ違うし、書こうとしている小説のテーマも違うから、それを明るく楽しく話せるか。これをやっていました。書くのは得意だけれども話すのは苦手な人たちが、ちゃんとプレゼンテーションできるまで育てていくと、就職試験に合格するんです。これを他の先生にも伝えました。文学を教えても役に立たないかもしれないけれども、明るく楽しくプレゼンテーションできる人にしてあげれば、皆楽しく生きていける。これを実践していったら、学部の就職率が上がったんですね（笑）。

「ふつうのコミュニケーション能力」さえあれば、人間は大体生きていけるわけですが、少し病気的で主張はするけれども相手の話を聴くのが難しかったり、あるいは生きていく積極的な目標を見つけられなくて沈み込んでしまう人もいます。一方で、やりたいことはあるけれどもうまくいかなくて、フラストレーションがたまって攻撃的になるような人もいます。現代では「発達障がい」というレッテルを貼られてしまうことがあるようですが、文学好きな人にはこういうタイプの人は結構います。自分で「これは正しい」とこだわってしまってコミュニケーションがうまく取れない。でも、ゼミのように目の前にいるリアルな人とやりとりをすると、相手から反応があったり向こうでうまく受け取ってくれたりして、うまくいくこともあるんですね。

本当はこういうふうに人間同士が会って話をすることが大切なんですが、コロナ禍の現状では大学が閉鎖されてオンラインで授業をしていますし、今後もそういう流れは続くでしょう。会議もずいぶんオンライン化されましたが、それは実際に会って知っている人が画面の中にいるのであれば様子はわかりますが、ずっとパソコンの画面上だけで会っていたら、本当にその人が存在しているのかよくわかりませんよね。今年（二〇二〇年度）に入学してきた学生は、パソコンの画面でしか同級生と会っていないんです。これは非常に気の毒なことです。ゼミ生とも先生とも実際に会ったことがない。この状態で話が進んでいくなら、SNSでやりとりしているのと変わりがないなという感じがします。

池田：三田さんのご長男がお生まれになった後の小説に『トマトケチャップの青春』があります。この時期は、芥川賞を受賞された後でかなりお忙しくて、余裕がないですし、初めてのお子さんなので興味津々なんですね。それで結構追い詰められて、三田さんが床に寝転がって「うわー！」と言ってばたばたしたら、ご長男がそれを喜んだり（笑）、ひっきりなしの来客が来るものだから、お子さんなりにホスピタリティを覚えておもてなしをしたり、すごく面白いですよね。

フィクションかどうかは不明ですが、奥様と喧嘩して広辞苑が飛んできたなどということも書かれてあり、人間的な部分が見られて面白かったです。さて、自我を保つことの難しさというお話が出ました。健康な意味でひきこもるということも自我を保つための手段であるという一方で、SNSなどでつながりのハードルが低くなっているために自我があやふやになるというリスクもある気がします。こういう時代の中で、しっかりとした自分の〈核〉を作るには、どう生きていったらいいのでしょうか？

三田：私は大学をリタイアしてしまったので、若い人たちのことがだんだんわからなくなるところはあるんですが……。孫がスペインにいて、あちらは大学を出たらすぐ就職できるという社会ではなくて、賃金格差がないしベテランが安く働くので若い人はかえって働き口がないんですね。孫は医学部に入ったんですが、医学部を出るくらいしか仕事がないからなんです。国は違いますが、同時代に生きている孫たちの様子から、この社会はどうなっていくのかなと気にかけています。

私たち老人が若者だった頃は、確かにベトナム戦争には反対していたのですが、ベトナム特需というのがあって、ものすごい好景気でした。全共闘運動には、「ベトナムで戦争をしながら金を儲けるのはけしからん」という怒りも含まれていたのですが、そうは言っても大学に機動隊が配備されてロックアウトになると、学校に行けなくなった友人たちはアルバイトをして結構なお金を稼ぐんです。

こういう好景気の中で生きていたので、反体制運動をして「民衆のために闘う！」と言っていながら、アルバイトをすればザクザクお金が入って来る矛盾した時代でした。そのことを考えると、現代はコロナの影響もさることながら、学生さんを含めた若者はどう生きるかが難しい時代だと感じます。経済があまりに肥大化し過ぎて、格差が広がっています。大学に入らず就職していた人たちも、働く場所がない。フリーターの人が働けない。経済的な面だけではなく精神的な貧困が大きな問題になっていると実感します。これは、日本だけではなく先進国共通の問題でしょう。

我々の世代は口先は達者だけれども割合豊かな生活を送ってきました。現代は社会がとても逼迫していて、暴動でも起こりかねないような時代がきてもおかしくありません。アメリカでは実際に時々暴動が起きていますが、日本の状況にも危惧しています。

セッション3　こころとふるまいのいびつさ

――発達障がいとは何か

池田：昨今、精神医学・心理学領域では「発達障がい」というものが拡大解釈されていて広まっています。実際にそういう人の絶対数が増えているのかどうかというと、過剰診断の問題も絡んでくるので難しいところがあります。私は、精神疾患は時代を映す鏡だとも思うのですが、時代的なものというのは脳の器質的な部分にも影響を与えるのかという三田さんのご質問もありました。この「発達障がい」という現象について、ご自身の子育てのご経験や、また教育者として学生さんと関わられたことなども踏まえて、どうお考えでしょうか。

三田：発達障がいとか思春期の人が抱える問題について、私なりに考えています。発達障がいというと、いわゆる自閉症のような先天的な要因の障害が思い浮かびますが、直接知っているのは学習障害ですね。以前、学習障害のある子たちの親の会に招かれてお話をしたことがあるのですが、文字が連続して読めなかったりするそうです。一文字一文字は読める、例えば「りんご」だと、「り」「ん」「ご」と独立して読むことはできるけれども、「ん」に来たときに「り」を忘れてしまうという症状の方もいました。こういった方々が文字を読む練習に使っていたのは、視覚障害のある方向けの朗読図書です。音声を聞きながら文字を目で追っていくと、少しずつ読めるようになることもあるらしい。朗読図書は、当時は視覚障害のある方しか使えなかったのですが、法律が変わって学習障害のある方も使えるようになりました。それから、脳梗塞の後遺症などがある成人の方のリハビリなどにも使われています。何らかの練習をすると脳の機能が使えるようになる障害もありそうですよね。

池田：脳卒中の後遺症とお話がありましたが、医学的には高次脳機能障害と言います。認知症とは違うけれども、脳の神経細胞が損傷して後天的に発達障がいに似た特徴があらわれるものです。今までできていたことが不可逆的にできなくなったり、あるいは元に戻るまで非常に長い時間のリハビリを要したりします。ただし、発達障がいや高次脳機能障害といった認知機能障害の中には、先天的なものか後天的なものか、見極めが難しいものもあります。アルツハイマー病に代表される認知症については器質的な疾患であることがはっきりしていますが、自閉症については先天的な部分が多いと言われながらも、現在定義が揺れています。自閉症は、もともとは三歳くらいまでに診断されるもので、視線が全然合わなかったり、対人関係やコミュニケーションの苦手さがある、こだわり、視覚や聴覚などの感覚過敏があるといった診断基準がありますが、ずいぶんと概念が拡大されて、診断されている人も増えています。対人関係に支障を来す人が増えているという現状があるからです。

これはうつ病にも言えることなのですが、精神疾患の診断で起こりがちなことなんです。つまり、三田さんや私の世代の人ですと、こころの不調で精神科を訪れても「診断書にはうつ病と書かないでほしい」と訴える人が多かったです。私は以前は、患者さんに言われて、神経症とか心身症と書くことが多かったんです。むしろ今は「うつ病というふうにちゃんと書いてください」と言われるんです。

発達障がいについて言えば、何らかの先天的な要因はありそうなんですが、はっきりそうだと診断することが難しい特性の人がたくさん出てきています。それはもしかすると、現代社会では対人関係やコミュニケーションが非常に難しくなってきていて、二次的に問題が起きているのかもしれません。ただ、発達障がいという自覚はないにしても、社会に出てあまりに情報処理が多くなった結果、ひきこもりになってしまったり、コミュニケーションに困って身体の調子が悪くなったりするというのはいくらでもあります。そこで原因を探ってみたら、どうやら発達障がい的な特性があるのかもしれないと自己診断したり、反対に周りの人からそのようなレッテルを貼られるということが概念の拡大を招いているのだと思います。

それから、心理療法自体も発展しているので、今までは対応が難しいと言われていたような人たちも、行動療法的なアプローチや心理支援などで社会にある程度適応できるようになっているのも事実です。彼らの中には、私たちが社会に適応する上で切り捨ててしまった能力をいかんなく発揮して、社会に貢献している人たちもいます。

ひきこもりについて

三田：数を扱うことはすごく得意だけれども人間関係が苦手という人もいますよね。テレビ番組でもそういった実例を取り上げていますが、それぞれの特徴に応じた仕事に就けるような社会になっていけばいいのですが。

一方で後天的に、子どもの頃にトラウマになるような体験をしたとか、ずっと思い通りにならない人生を送ってきたりいじめられたりして、他者と関わることを恐れるようになってうつ状態になった人や心身症になってしまったという人たちもいますよね。本を読むのが好きで本ばかり読んでいるうちに人との付き合い方がわからなくなった。みんなが好きなものを理解できなくて友達と疎遠になってしまった。そんなふうに何かのきっかけでひきこもりになってしまった人がいます。

アメリカの映画なんかを観ていると、会社の社長が積極的にカウンセリングを受けているケースが多いと聞きます。あのような場合にセラピストの人たちは、どういう言葉をかけて治していくんでしょうか？

池田：治療者の関わり方というのは、三田さんがお子さんを育てられたり、ゼミ生と関わったりすることと、とても共通点があります。

三田：昔だったらわざわざ医者に行って治療を受けなくても、地域社会や親族縁者との付き合いをしていく中で、周りも話しかけたり励ましたり元気づけて、コミュニケーション能力を少しでも発達させようと盛り立てていました。現代社会ではそういう役割を果たすコミュニティがなくなってしまって、学校ではうまくやっていたけれども会社の人間関係でつまづいて人と会うのが嫌になってひきこもってしまう。こういう場合は先天的な原因で人と関われないわけではないので、何らかの「励まし」が必要ですよね。

たとえば、部活動で野球一辺倒だった子が引退した途端ひきこもってしまった。そうしたら、「気持ちが変わるきっかけ」に出会うことができれば、良い方向にいくような気もするんです。たとえば、野球の次に好きな趣味とか、これをやっていれば元気になるものを周りが本人と一緒に探してあげたり。実際、ひきこもりの人には、どうやって関わっておられますか？

池田：ひきこもりと一口に言っても、百人百通りなんです。三田さん個人に特化して考えると、登校拒否という形でひきこもっている間にエネルギーを貯めて、それが人生のターニングポイントになりましたよね。大事なことは表面の現象にとらわれず、どういう原因でひきこもっているのかを見立てることです。おっしゃったような生きる目標を喪失している場合なら、うまく能力を引き出してあげるような関わり方が必要でしょうし、そうではなくて病的な原因、たとえば幻聴や被害妄想など統合失調症の初期症状のように外界の刺激から逃れるためにひきこもっている場合は、精神科医療が必要です。「外に出ると宇宙人から狙われるので退避していないと危害を加えられる」といった被害妄想を話していたりしたら、カウンセリングよりも薬物療法で妄想や幻覚をおさえることが先になります。意欲をなくしているひきこもりにしても、その「質」を評価して治療プランを立てることが求められます。私たち治療者が会うひきこもりの患者さんは、受診する前にかなり症状が進んでいるということもあるので、親御さんや先生、そして友人などで支えるサポートがなにより大事になります。

三田：人間嫌いとか人付き合いを避けてひきこもる人もいますよね。いわゆる天才と言われる人で、ニュートンやアインシュタインもそうだと思います。こういうタイプの人たちは、自分の頭の中でいろいろ考えているのに忙しくて、人の相手なんかしていられないということですよね。つまり、頭が良すぎて学校の授業なんか聞いていられないということですけれども。

しかし、こういうプラスの面が強調されて「子どもには無限の可能性がある」ということが言われて、ひきこもりのまま放っておかれてしまうことがあります。ひきこもっていて暴力的な人を殺すようなゲームに熱中するようになったりしたら、現実との区別がつかなくなったりする危険もあるので、どうやって現実に復帰させるのかは考えないといけませんよね。

最近は小学生でもゲームやパソコンに熱中しすぎて、一種の依存症みたいなものになっています。ゲームよりも楽しいものがあることを大人が教えてあげて、閉じられた領域の楽しみから引き剝がして、人間関係そのものにも楽しみがあると伝えることも大事だと思います。治療の現場では、どうなんでしょうか？

池田：三田さんが今おっしゃったような、ゲーム依存症、スマホ依存症というのは、かなり深刻な現状があります。金銭的に膨大な負担を抱えたり、止めたくても止められないということが国際的な問題になっていて、ＩＣＤ-11という国際的な診断基準ではGaming Disorder（ゲーム障害）という診断名で障害として認定されました。登校拒否やひきこもりの場合には、こういった障害が生じるという危機感を持って対応しなければなりません。

作家としての三田さんのお立場からお話をいただきたいのですが、ゲームというのはイメージを貧困にするのではないでしょうか。つまり、殴られたら痛いといった想像力が持てなくなり加減ができなくなるとか、対人関係におけるコミュニケーションに支障を来すようになったり、後天的にそれこそ「発達障がい的」な症状を生んでいるのではないかと感じています。一方で、誰しもがある程度先天的に持っている発達障がい的な特性というのは、自分なりにうまく調整されていく気がするんです。三田さんの場合は、あまり強い特性はお見受けしませんが、子どもの頃から尋常ではない数の小説を読まれて、豊かなイマジネーションを養ったことが仕事につながっていますよね。それを皮切りに、中学になると難解な本を読まれて現実の「ボケ・ツッコミ」のやりとりよりも、観念的な世界に興味を持つようになる。それから高校では受験勉強にうんざりして学生生活が面白くなくなってしまう。私自身にもそういう経験があります。けれども、そこで本を読むのはほどほどにして、「仕方ないから受験でもするか」と気持ちを割り切ったことが病的な逃避ではなくて良い形で適応するための糸口となりました。こういったプロセスというのは、ゲーム障害のようなあまり健康的でない逃避とは、どう違ったのでしょうか？

三田：私自身、子どもの頃からひきこもりがちな人間です。本が家にたくさんあったことと、早くからテレビがあったことも関係しています。テレビが観せてくれる世界に興味を持ったり、本で読んだことについて「これは何だろう」と考え始めた。そうすると、テレビも本もなくても、一人で椅子に座っているだけで、いろいろ考えることが楽しくなってくるわけです。そういうタイプの人間なので、今でも放っておくと一人で考えています。これは生まれつきの人間の「型」みたいなものです。一方では、大阪生まれという環境があったので、学校に行けば「漫才」もしますし、大学の先生になってからは講義で「一人漫才」をするわけです。小説を書くというのも、架空の読者を相手にした「一人芝居」ですからね。こんなふうに個性と環境とがうまく働いたんですが、私が何より恵まれていたのは、そうやって一人で考えていても、私が考えていることに興味を持ってくれる友達がいたということです。「今三田君は何を考えているの？」と訊かれたら、般若心経や維摩経の話をしたり、相対性理論の話をしたりして、それを面白がって聞いてくれる友達がいたんですね。小説を書き始めると、ちょっと見せてという友達もいて、サルトルの『嘔吐』の真似みたいなものでしたが、「こんな小説は見たことがない！」と驚いてくれるわけです。デビューして編集者がつくと、今度はその人を面白がらせようとする。そんなことをずっとやっていくうちに、作家として仕事ができるようになった。私に興味を持ってくれる人がいたというのがすごく良かったんです。

自閉気味というか、ひきこもりのお子さんをお持ちのお父さんお母さんにぜひお伝えしたいのは、話をしてもらってそれを面白がって聴いてほしいということです。こちらから言って聞かせるのではなくて、何に興味を持っているのか、自分から話してもらう。「そんなことを考えているのか！」と面白がる。父親も母親も親とはいえ他人ですから、他人と言葉のやりとりをすることが人の悦びになって、それが自分の悦びにもなるとわかってくると、家族以外の人にも話してみたいと思うかもしれません。親の反応を見るうちに、こういう話は喜ぶけどこっちはつまらないというふうに、「何がウケるのか」がわかってきます。この「何がウケるのか」を考えるということが、人とのコミュニケーションの出発点なんです。

私の教え子にも発達障がい的な人がいましたが、よくしゃべる人でした。ただ自分の話したいことを話すだけで、相手にウケているのかはあまり考えていないようで、ここはコミュニケーション能力の境目のような気がします。親御さんはとにかく早い段階から、子どもの話を聴いて面白がることがとても大事だと思います。

現実世界と折り合う

池田：おっしゃるとおりですね。今おっしゃったことは、「カウンセリングの極意」にも通じることなんです。これは自戒を込めて言うのですが、今の精神科医にしても心理職にしても、どちらかというと症状にフォーカスしがちです。それをネガティブにとらえて、「良くしましょう」という方向へ持っていくことにこだわってしまいます。それは確かに大切なことではあるかもしれませんが、「なるほど、そういう個性があるんだね」と興味を示して耳を傾けたり、面白がって聴いたりするという、バーチャルではないリアルなやりとりが、カウンセリングに何より大切なことなんです。発達障がい傾向のあるお子さんには特に大切なことで、このやりとりの中でコミュニケーションのやり方を学んでいきますから。子どもというのは予想外の能力を発揮することがいくらでもあるので、可能性を育むような関わり方が必要なんです。三田さんの場合は、生涯の親友になる方が興味を持ってくれたということでしたが、こうした存在の中には高校時代に出会った奥様が最大の存在であったと私は勝手に思っています。恋愛、結婚、育児というのは「家庭という少し閉ざされた構造の中での実存を解く場所」なので広い意味でのカウンセリングだと、娘を持ってつくづく感じるようになりました。

三田さんの人生をライフサイクル的に見ると、ご友人との関係や奥様と結婚されて家庭を持つようになって、うまく言えないのですが、〈文学の世界〉が作家としてのお仕事になって〈現実世界〉と統合されていったと言うべきなのでしょうか。というのは、前の部分で、作家という人たちは自分の好きなことを一方通行で話をされる発達障がい的な人が多いというお話をされていました。しかし、作品としての「一人芝居」を展開されるという点ではそういう部分もあるのかもしれませんが、三田さんご自身は単なる内省的な方ではないと思うのです。なぜなら、編集者との人間関係で、相手の要望を聞いて書き直したり、厳しいダメ出しを受け止めたりという、現実との関係の中で小説家としてのスキルが磨かれていったのではないかと思うんです。もちろん、想像を膨らませて言葉にして物語に落とし込んでいくというのは、もともと持っている先天的な才能による部分がとても大きいと思いますが、それだけに完結せず、やはり対人関係の中で揉まれることでより才能が開花していったのではないかと思うのですが、いかがでしょうか。

三田：やっぱり人との出会いは大事だというのは高校時代から思っています。友達もずっと大事にしていますし、大学の先生になろうと思ったのも、そこでの人との出会いで学ぶことが多いだろうなと、機会を求めて行ったわけです。そこで学んだのは、他の人の現実に対する反応の仕方ですよね。自分には思いもつかないところに喜怒哀楽があるということです。私自身の喜怒哀楽は「ふつうの人」とは違うところにあるのだと自覚しています。妻と子ども二人を育てる間にも学ぶことが多かったですし、編集者との付き合いも勉強になりました。昔は、編集者のほうが作家よりも「頭の切れる人」が多かったんです。「切れすぎるとこうなるな」と学んだりもしました（笑）。でも、コミュニケーションの大切さを実感できたのは、そういうチャンスに恵まれたからだと感じています。だから、もし私みたいな人が近くにいたら、周りの人がコミュニケーションを結んでいって、励ましてあげると、何か実力を発揮するのではないかと思います。

暴力性について

三田：先ほどのゲームの話に戻ると、ゲームというのは「誰もが持っている暴力性」を助長するから危険なんだと思うんです。なぜなら、暴力的な人だけが暴力性を持っているのではなくて、人間も動物なので本質的に遺伝子の中に「暴力のスイッチ」がプログラミングされているのではないかと思うからです。我々が生きている近代社会ではそのスイッチを押さずに済むので暴力性が発現されませんが、私の親の世代は戦争を体験していますから、兵隊として敵に向かって銃を撃っている人もいました。そこでは怖がって逃げ回る前に、暴力性を発揮せざるを得ません。私の感覚からすると、戦争から帰って来た人たちにはもっと声高に「戦争は良くない！」と言ってほしかったのですが、親たちの世代は大抵黙して語りません。それはやはり、怖いからです。一度自分の暴力性にスイッチが入る体験をすると、その記憶を早く忘れてしまいたい。そういうスイッチがあること自体を早く忘れてしまいたいんです。ある程度の年齢に達した人が急に戦争体験を語り始めるのは、自分自身がそろそろ消えてしまいそうだから語っても良いのではないかと本能的に思うからではないでしょうか。その世代には、銃で人を殺したことがある人もたくさんいたでしょう。あるいは、出征した現地の人を暴行したり虐殺したりすることも日常だったと思います。我々の日常感覚からすれば異常な行為ですが、人間のゲノムにインプットされています。歴史を見ても、原始時代はマンモスの骨を持って殴り合ったり、もっと時代を下ると戦国時代には刀を振り回していたわけですよね。

この遺伝子がゲームの暴力性に冒されると、スイッチが入ってしまうということがあるのかもしれません。もし可能なら、親がこのゲームだけは絶対やってはいけないと歯止めをかけなければなりません。ほのぼのしたゲームならまだしも、武器を持って相手と闘うようなゲームをすると、隠された本能のスイッチが入りかねませんよね。

学生運動に関わっていた私の友達の中にもいましたが、当時極道ものの映画なんかを見ると、映画館から出て来て半日くらいは危ない状態になっている（笑）。そう考えたら、暴力的な映画も危ないですね。昔は「やくざ映画の三本立て」なんてのもありましたけど。実は私もそういうことがあって、運転免許を持っているのですがあるときから運転を止めました。妻から「あなたはハンドルを握ると暴力的になる」と注意されて……（笑）。そうかもしれないと思ったので、止めました。

ただ、小説を書くときは頭の中で暴力的なことを考えることもあります。人を殺すシーンを書いたりもしますから。『続カラマーゾフの兄弟』では、爆弾をつくって皇帝を暗殺する場面を書いています。

こういうのを書いているときは、頭の中では暴力性のスイッチが入っています。首謀者は王宮の食堂に爆弾を仕掛けますが、あいにく皇帝は来客の応対が長引いたためそこにおらず、罪もない人たちが犠牲になります。でも首謀者の気持ちとしては何も悪いことをしたつもりがなくて、失敗したと思うわけです。人間はこういうスイッチが入ってしまうと何でもできてしまう。

そういう人が戦争の指導者だと大変なことが起こります。広島と長崎に原爆を投下した人、それから東京大空襲で一晩で十万人殺した人などもそうでしょう。戦争という「正義」の名のもとに人を殺すということが正当化されたのだと思います。東京大空襲は広範囲に焼夷弾を落として市民の逃げ場をなくしています。そんなことをすればどうなるかはわかっているのに実行するのは、スイッチが入っているからでしょうね。日本軍も日中戦争中の一九三八（昭和十三）年に、同じような重慶爆撃というのをしています。これは軍事施設を狙った攻撃ではなく、民間人の住む地域を狙った皆殺しの攻撃です。私たち日本人の中にも例外なく、暴力性のスイッチがあることは認めざるを得ません。何人かに一人、このスイッチが入ったままの人がいると、病気だと診断されるのかもしれませんが、その人だけが暴力性のスイッチを持っているわけではないのだと思うんです。

池田：こういう言い方はちょっとはばかられるのですが、小説や映画で「戦争もの」が繰り返しヒットするのは、戦争というものが人をワクワクさせたり、暴力的な性質を引き出して満足させたりする側面があるからだと思います。ただ、ある程度大人になると、それはあくまでフィクションで現実にそんなことをしたらとんでもないことになると歯止めが効いているんですが、集団化してしまうと戦争や、それぞれの大義名分に基づく紛争など、収拾がつかなくなります。人間は残念ながら闘争的な生き物なので、逃走するよりも闘争するほうが生き延びる確率が高いと本能的に判断すると、必然的に戦うほうを選ぶからです。

私自身の経験から言うと、自分には少し暴力的な面があるようです。罪滅ぼし的に精神科医になっているような感もありますが、暴力性から私を救ってくれたのはスポーツです。サッカーとラグビーといった集団スポーツをやっていましたが、攻撃をしなければ負けてしまうというのは実際の闘争と同じです。しかしながらここには一定の〈ルール〉があります。それにスポーツでは、レギュラーになれなくて挫折したり、悔しいながらも仲間を応援したりといった社会的な体験もします。スポーツと戦争は「戦う」という意味では類似性がありますが、子どものときにスポーツをする意味があるとすると、相手の痛みを知ったり手加減することを覚えたり、「これはゲームだ」と認識しながら興じることで「暴力的なスイッチの取り扱い」のコツを身につけることだと思うんです。

それから、サッカーとラグビーをしていたことは、受験勉強以上に医療現場に出てから役立っています。とくに、医学部の学生しかいない大学のラグビー部には、「チビ」とか「デブ」とか言われていじめられて体育の成績も良くなくて、自分を変えようと思って入部した人がたくさんいました。その中で、作戦を立てていかにチームの力を効果的に発揮させるのかを考えるスキルというのは、受験勉強ではなかなか学べません。「チビはチビなりに、デブはデブなりに」役割分担をして能力を発揮しようとするわけです。これは、医療における多職種連携の考え方と同じです。私は医学の専門家として知っていることがあって、看護師も看護の領域で専門知識がある。ケアをするスペシャリストもいれば、家族にも経験的に知っていることがある。そういう人たちと、いかにチームワークを組むかということが大切なんですね。

これは、先ほど三田さんがおっしゃっていたような、人と関わる中でこそ知識が生きるということにもつながります。ただ知っているだけでもそれを表現しようとしなければ、面白がってくれる人にも出会えませんし、作品として読む人も現れない。自己完結してしまい、まさしく「ひきこもり状態」になってしまう。実は、精神科医や心理職にこういう人が少なくない気がするんです。悩みを抱えた人に自分の知識を一方的に押し付けるのではなく、その人といかに協働するか、どういうことに悩んでいるのか、そして悩んでいるという現象だけではなく、本質的な部分を見て突破口を見出す。突破口が見つからないとしても、「そういうことを考えているんですね」と本当の意味で共感することによって、次の局面が見えてきます。

個性をつぶす日本社会

三田：こころの治療をする人だけでなく、学校の先生や親にも、ある意味での押し付けがみられますよね。教師や親は「善意」に基づいて子どもを教育しようとします。人に迷惑をかけないようにする、勉強したり努力をし続ける、人との約束は守る、といった社会に出たときに必要な力を身に付けさせようとします。ところが、こういった「善意」は、子どもに規制を強います。あれをやってはいけない、これをやってはいけないと。約束を守れなかったり注意を忘れていたりすると、「何度言ったらわかるんだ！」とキレてしまう教師や親がいる。

とくに日本の教育というのは、戦後に軍隊上がりの人たちがつくった制度なので、「気を付け！」「前へ倣え！」といった号令によって、集団で一斉に何かをさせるのが教育だと思っている人がいて、前へ倣えと言ったのにそうしていない子どもがいたらぶん殴っちゃうとか、排除してしまうといった教育がなされてきました。確かに「気を付け！」と言ったときにどうしてもそれができない人は、「将来会社に入っても役に立たないんじゃないか」と周りから見られますし、就職の面接で椅子に座っていられなければ、会社に入れませんよね。だから、とりあえずは皆が「気を付け！」と言われたときにそうしていられるのは大切なことではあるのですが、実際にどうしても同じ行動ができない子どもはいますよね。そこに発達障がいとか病名をつけたり、暴力は振るわないまでも「暴力的な装置」によって、いわゆるパワハラで、押さえつけて矯正するのが教育だと考えている教育者がたくさんいます。「この子のためにやっているんだ」という教育がなされると、枠の中に入れない子どもの能力がスポイルされたり、グレてしまって暴力のスイッチが入ったりします。枠の中に入らないほうが能力を発揮する子もいるので、教育現場だけでなく、もう少し一般に多様性というか、フレキシビリティというか、いろいろな人がいるという認識をもっと広める必要がありますよね。

池田：そうですね。本来的な意味での個性の尊重ということですよね。その点でも、『パパは塾長さん』のお話はとても素晴らしいですよね。ご次男のユニークなお話が書いてありました。日本語というのは難しい言語で、たとえば子守歌の「眠れ良い子よ」は「眠れよ、行こうよ」と眠った瞬間にたたき起こされるような意味にもとれますが、ご次男はそういった音声認識への苦手意識がおありだった。一方では数学的にはすぐれた才能をお持ちで、ご長男とは二歳違いなので生育環境的にはほとんど同じだと思いますが、生まれ持った個性に違いがあった。こうした個性を仮に「障がい」と言ってしまうと、その果ては矯正というところに行き着いてしまいます。でも、誰にでもある程度能力特性というのはあるもので、三田さんの場合はそれを矯正するのではなくて、共感したりしながら非常にうまく能力を伸ばしておられました。これは、大学生への教育の原点にもなっているのではないかと思うんです。

三田：私には長男と次男の二人の子どもがいますが、長男は自己顕示欲が強くてちょっと自分勝手なところがありました。クリエイティブではあるんですが、「発達障がい的に」目立ちたがりなところがあったので、彼にどんなことが向いているのか考えていました。自分が小説家なので小説を書くのはつらいと（笑）、他にいいものはないかなと思ったら、ピアノを弾くのが好きなので、じゃあとにかくピアノを弾いてなさい、数学の勉強なんかしなくていいと言いました。今はピアニストとして、スペインでピアノを教えています。彼は割とずぼらなところがあって時間に不正確なところがあり、私は几帳面な人間なのでよく怒っていたんですが、大人になったときのことを考えて「お前、それでは生きていけないぞ」とうるさく言っていたんです。そんな長男がスペインに行くと「さすが日本人だ、きっちりしている」と言われるんです（笑）。スペイン人はもっと約束を守らないところがあります。それはそれで民族的な長所であって、日本人は良くも悪くも真面目過ぎるのでしょう。だから長男はいい居場所を見つけたなと思っています（笑）。

反対に、次男は自分からアピールするということがなくて、隅っこに小さくなっていて、パズルとかをやったりするのが好きでした。小学校で少し悪い仲間とつるんでしまったので、この子は仲間に恵まれないとダメだなと思ったので、私立受験をさせました。長男は公立学校に行っていましたが、彼にはピアノというものがあったので、周りの人間に染まらず屹立して生きることができました。次男のほうは周りに溶け込んでしまうタイプなので、このままでは危ないと受験勉強をさせました。算数は教えなくても良い成績を出すものの、国語の問題で文章の読解をするのが苦手だったんです。彼は家に飼っている犬の世話をよくしたり思いやりがあり、野球が好きだったのでスポーツもしていました。そこでちょっと考えて、国語の文章読解を教えるときに、たとえば「これは犬をかわいがるときと同じ気持ちだね」と、身近なこととセットで教えました。野球中継を観ていると監督がピッチャーを代えるときにポンと肩を叩きますが「あれはよく頑張ったって意味だよね」と、彼の興味の範囲内で人間ドラマを語ってあげて、この考えを文章読解に応用しました。文章というのは、人の気持ちに訴えかけるものだから、必ず訴えかけようとするテーマがあって、自分が読んだときにそれをどう感じるのかを、絶えず考えながら読み進めていけば答えも見えてくるんだと、つきっきりで教えたんです。そうすると、なんとなく文章に書いてある人の気持ちというのがわかってきたんですね。

それから、社会科の問題もあるので歴史の勉強をさせようと大河ドラマの『武田信玄』[注1]を一緒に見て、今この人はどういう気持ちでいるんだろうと、ここでも考えるんですね。そうしたら、信玄の子どもに勝頼が生まれてきたら、次男が急にしょぼんとするんです。「この子は長篠の戦いで負けるんだよな……」と言って悲しそうな顔をした。そのときに、ああ、この子も人の気持ちがわかるようになったなと思いました。「かわいそうだ」ということがわかるようになるのは、とても大切なことなんです。

池田さんは子育てが学生への教育の原点になったのでは、とおっしゃいました。確かに私は息子たちが大人になっても「友達」のようにわかり合って、付き合える人になってほしいから、最低限のコミュニケーションは取って関わってきたつもりです。それは活きているかもしれませんね。

今二人の息子は、長男はブリュッセルの音楽院でスペイン人の女性に出会い、「拉致」されて、（笑）結婚してスペインに住んでいます。あちらの国は家族の穏やかな人間関係があり、近所付き合いもあり、親族社会があるという、日本が失ったものがあるんです。私も時々行くと、言葉はわからないけれども、お誕生会をしたり、お祭りを見に行ったりします。次男は企業の研究所で研究職として働いています。ずっと同じ実験をしてデータを取って対応策を考えるという仕事ですが、集中力があるので向いているみたいです。私からすると退屈な仕事に見えるんですが（笑）、本人は喜んでやっています。自分に合った仕事に出会えたので良かったですね。

現代日本の問題点

池田：お二人とも天職に就かれたということですよね。私の場合は、心理学系の大学院を目指す学生を指導したり、医者として働きながら医学系の大学院で学ぶ人に関わったりしているのですが、彼／彼女たちからよく聞くのは、課せられるノルマが多すぎて情報処理に精いっぱいで、楽しむ余裕がないということです。本人たちもそう言っていますし、第三者からもそう見える。しかし、大学の教員もノルマが多すぎてアップアップアップしている。

注1：『武田信玄』は、NHKが一九八八（昭和六三）年に放送した第二六作目の大河ドラマ。主演中井貴一。

これは現代の構造でしょう。定年近くなっても、日本人は真面目だから「悠々自適」などとは考えずに「終活」などという言葉に踊らされて、その結果、高齢者のうつ病が増えるという現象も起きています。

いつの時代もそうかもしれませんが、こういうノルマ過多が学生時代から社会に出てからも果てしなく続くと、三田さんがおっしゃったような対人関係のスキルを磨く余裕もないのかもしれませんよね。こういうノルマをこなすだけで精いっぱいの社会というのを、どう生きていけばいいかというのは、なかなか難しい問題ですよね。

三田：息子二人ともそうなんですが、頑張れば評価される得意なことがありました。これが仕事になったのはとても幸せなことだと思います。得意なことにつながる仕事にめぐり会えるかどうかは、人間の幸福度を左右します。そして現実的には、今の人たちは、過大なノルマを課せられた成果主義のプレッシャーの中で生きています。そして現実的には、大体の人が好きなことを仕事にできなくて、やりたいのではなくてやらされている仕事ですよね。文学部で先生をしていたときに学生たちに、「君たち文学が好きかもしれないけれども、世の中で文学が好きな人が活躍できるところは、ほぼないんだ」ということを常々言ってきました。

じゃあ、何が必要なのかということですが、文学ゼミなのでテーマを与えて研究をしますが、先行研究などの文献にあたりつつ、材料を集めて自分の考えをまとめてプレゼンテーションをしてもらう、そのプロセスの面白さを体感することです。この楽しさが味わえれば、会社に入って課題を与えられても、その仕事自体には興味がなくても、プレゼンテーションをすることは楽しめると思うのです。

そこで、自分のアイデアをプレゼンテーションして成果が得られれば、仕事が楽しくなってくることもあるでしょう。ですから、表面的にこれは好きだけどあれは嫌い、というのではなくて、何かをつくり上げることの楽しさ、「考えて整理する」「アイデアをプレゼンテーションする」ことの醍醐味を知れば、この仕事は嫌だなと思う状況からも一歩前進できるはずです。

日本人は人生観や仕事観を考え直したほうがいい局面に差し掛かっているのではないでしょうか。長男が住んでいるスペインに行くと、スペイン人は一年の三分の一くらいは遊んでいる。アメリカにしても休暇は多いし、日本ほど残業している国はないでしょう。家族や親族と楽しむことを一番に考えているからです。スペインでは夜になると、家の近くにある「バール」という立ち飲みみたいなお店に行くんですね。そこで近所の家族もいて、奥さん同士がお酒を飲みながら食事をして、子どもも勝手に遊んでいる。家の中で家族だけでひきこもっているのではないので、子ども同士の間でも必然的にコミュニティができてきます。こういう人間関係は日本にはほとんどありません。それに、東京みたいな大きな街はともかく、どの地域も職住接近ということもありませんから、ご近所付き合いをする時間も取れない。家族と過ごそうにも残業が多くて家には寝に帰るだけ。だから休みの日は身体を休めるだけです。

現代日本の社会は会社中心主義で、会社が一つのムラ社会になっていたという歴史がありますから、そこで与えられた仕事をこなして成果をあげて評価されることが生きがいになっていましたし、それを生きがいに感じられなければ楽しく生きられない社会をつくってしまいました。これは、高度経済成長の時代の悪しき慣習です。入社したときは給料が安いけれども毎年必ず昇給する年功序列の制度も戦後に確立されたものです。「皆で一緒に頑張っていれば皆が幸せになれるんだ」という、いわば「職場全体主義」ですよね。これがずっと続いていて、管理職にはまだその世代の人たちがいます。この枠組みに慣れていない若者たちがはめ込まれるという構造があるのですね。だから過労死とか過労自殺ということが起きてくる。

上司の世代は「若い人にはガンガンノルマを与えるんだ、自分たちもそれで鍛えられてきたんだから」という思い込みがありますが、これはパワハラでしかありません。中には何のためにそれをやらされているのかわからない仕事もあったりするので、その仕事を一〇〇％達成することはできないと思ったら絶望しますよね。そういう世代間の断絶が若い人の生きづらい状況をつくり出しています。

池田：三田さんのすごいところは、作家という仕事を中心に据えて家庭を築いて、お子様たちの教育をされたということですよね。

仕事で処理しないといけないことが増えているという点では、医者や心理職の仕事もそうなんです。でも、やらないといけない仕事だけを正確にこなしているだけで、患者さんやご家族を満足させることができるかというと、そうではありません。

たとえば、心理検査というものがありますが、これもただテストをして患者さんの得点が病気の基準点を超えたとか超えないを伝えればいいというものではなくて、自分でその結果をかみ砕いて、その人の個性が理解されるよう、本人と家族に伝えることが求められています。

精神科を訪れる人にとって、仕事との向き合い方は難しいものがあります。発達障がいのある人にとってはまず就労することへの社会的ハードルが高く、さらに社会がそういう人を生み出している側面があるので、この中でハッピーに暮らすことは大変です。うつ病の人の場合も、復職支援プログラム（リワークプログラム）というのがありますが、これ自体のハードルが高くて、プログラムの実施中に悪化したり再発したりということがあります。こうした成果主義の弊害は、日本だけではなくて先進国すべてにみられるので、精神疾患を生み出すような社会システムになっているのだと思います。

それに、成果とは何かということ自体が、我々の目ではとらえきれなくなっていますよね。かつての第一次産業に従事する人が多かった時代では、農業も漁業も、これだけの生産高があれば今年は過ごせるという中で、喜びや悲しみを共有することができました。しかし、企業社会になってからは、上司も自分で何をしているのかよくわかっていないまま、ただ部下にノルマを課す。それがうまくできないと、一方的に怒る。先ほどスペインのコミュニティのお話がありましたが、良い意味でムラ社会にはあった支え合いがしづらい世の中になっている気がします。

ただ一方では、こういう考え方もできます。必ずしもノルマを一〇〇％達成することがハッピーとは限らないのではないか。ときには適度に手を抜いたり、ただ情報を処理するだけの仕事よりも顧客や人とのつながりに関する仕事に意義を見出す、そういうふうにして仕事の見方を変えれば、自分も周りも満足度が上げる方向にいくのではないかと思うんです。

私自身も精神科医として患者さんを一〇〇％治そうとはあまり考えないようにしています。完璧に治そうとすると、三田さんがおっしゃったような「善意」の押し売りのように、本人の良いところを潰してしまったり、無理に治そうというプレッシャーが患者さんに窮屈さを感じさせてドロップアウトしてしまったり、場合によっては自殺につながってしまうということさえあります。

なかなか生きにくい世の中ではありますが、成果主義にとらわれず、限定的かもしれませんが人との触れ合いに考え方をシフトしていけば、物事の捉え方も変わっていくのではないでしょうか。

三田：今は誰でも目先の新しい物に目がいきがちな時代ですから、成果主義は次々と商品をつくらなければいけないという強迫観念から生まれたのでしょう。一〇年修行してパティシエになっても、コンビニで売ってるちょっと流行りっぽいスイーツに負けてしまうことがあります。コンビニの商品は大量生産ですから、ある程度売れる見込みが立てば、たくさんつくって、その売り上げでまた新しい商品をつくることができる。一方で、個人でやっているお店は、テレビとかで「昔ながらのケーキ屋さん」と紹介されたらいっときはいいかもしれませんが、すぐ潮が引くようにお客さんがいなくなってしまう。コンビニのほうは次々と新しい商品が出てくるので、お客さんはそちらに行く。そうすると、今度はコンビニ同士の競争で、どんどん新しいものをつくらないと負けてしまうと、過当競争みたいなことが起きてくるわけです。その結果、個人のお店はどんどん潰れて、どこの街にも似たようなチェーン店ばっかりになってしまう。

こういう世の中では、「十年修行してケーキ職人になる」という人生設計に大きなリスクが伴うことになるので、仕事の選択も狭まっていきます。こういうことが、あらゆる分野で起きているのが、今の社会です。農家にしても、大手スーパーと提携しないで「この野菜がうちのウリだ」と言っていたら商売はやっていけませんし、よく「曲がったキュウリも食べてあげないといけない」と言われますが、そもそも曲がっているのは段ボールに入って出荷されず廃棄されてしまいます。こうしたさまざまな規制の中で働いているので、人間自体も型にはまって生きることを強いられている。この傾向にはどんどん拍車がかかるのではないでしょうか。

昔に比べたら、人間のほうにフレキシビリティがなくなってきていて、それが病気にもつながっている。どうすればいいかを考えないといけないですが、まずそういう時代なんだと認識しておく必要がありますね。

池田：確かに、我々の時代はもう少し時間が緩やかに流れていて、つくったものが形になって出来上がってくることに喜びを見出せた時代でした。成果主義の時代になって、一つの商品にたくさんの工夫をしなければならない、しかも次の瞬間には競合する商品が出てくるという、一寸先がわからない大変な世の中になってきている気はします。一方では、日本人は働くことが好きで、もともと資源の少ない国なので、付加価値を付けることは得意な民族かもしれませんよね。

こういう世の中で、先ほど話したノルマに追われる若者が、じゃあ切羽詰まっているかというと、そうでもないこともあるんです。個人差はありますが。工夫したり、情報を選ぶことを楽しめるようになっている人は、楽しそうにやっていますね。

三田：日本は戦争に負けてから経済成長をしてきて、バブル景気を迎えました。この時代に会社に入った人たち、現在五〇歳以上の人たちというのは、「頑張れば成果が出る時代」に生きていたんです。ところが、二一世紀に入ってグローバルな競争が激しくなると、中国や台湾、韓国といった近隣の国が、かつて日本が得意だった半導体でシェアを圧迫してくるなど、「頑張っても報われない時代」になってくるんです。だから、五〇歳以上の人が上司になると、「とにかく頑張ればなんとかなる」と、パワハラ的になんでも押し付ける傾向があるかも知れません。こういう習慣は上の世代から順繰りに受け継がれてきたものなので、どこかのタイミングで変えなければなりません。しかし、「うまく変えることができないと企業自体が滅ぶ」というところまで追い詰められないと、変わらないかもしれない。

たとえば、テレビや自動車というのは、二〇世紀には極端に言うと何もしなくても飛ぶように売れていたんですが、それがインターネットの出現によって頭打ちになりました。何も考えないで頑張るだけだったので、行き詰ってしまった。というのも、日本が経済大国全盛の間に、近隣の国は「隙間」を狙ってきていたからです。どういう「隙間」かというと、シンプルな機能にして安く売るんです。日本では反対に難しいほうに考えていって、冷蔵庫にコンピュータを付けて庫内の占有率を計算して効率よく動かすとか。でもそこにお金をかけて設計をしたところで、電気代がちょっと安くなるくらいのもんです。もう袋小路に入ってしまっているわけですよね。

こういう時代の考え方が染みついているので、バブルより上の世代の人たち自身も、どうしていいかわからない状況なのだと思います。したがって大企業に入った人ほどある種のパワハラのようなことに出会う可能性が高いですし、そういう関わり方に慣れていない人はこころの病気になることもあるかもしれません。

私の教え子なんかでも、気の利く子は大企業に入らず、飲食業に入ったりしたんですが、それがこの時代大打撃を受けていて……。良さそうに見える業界も何かのきっかけでダメになる。人生とは何が起こるかわからないからね。こういう状況まで見通せる人はいませんから……。

池田：上司との関係というのは、カウンセリングの場に日常的に持ち込まれる相談ですね。まあ一言で言うと、嫌な上司というのはどこにでもいますよね（笑）。融通が利かない、自分の価値観を押し付けてくる、あるいはこっちでうまく手を抜いているのにそこだけ目を光らせてくる人、自分もそういう上司にあたったことがあるのでそうならないようにと気をつけています。

こういう場合はちょっと見方を変えてみて、どのような職場に行っても嫌な人には出会うものなので、逆にそういう人をどう反面教師にするのかを考えるしかないのかもしれません。三田さんはお父様が経営者で、優しい方とおっしゃっていましたが、もし後を継がれたら別の顔を見せたかもしれません。私も自分の父を反面教師としたところはありますが、親子関係の中で過ごしていた頃はどうやって脱け出そうかということばかり考えていました。

大事なことは〈自我〉のフレキシビリティを保つことです。病気でなくても、〈自我〉のフレキシビリティがなくなると、転職を繰り返して「また嫌な奴がいる」と言っては辞めて、ということを延々続けてしまうことになります。実際にそういう人はいますよね。ただ、転職も前向きな転職なら、繰り返しているうちに嫌なことにも慣れてくることがあります。摂食障害の患者さんで、お総菜屋さんで働くようになったら良くなったという人がいました。「食」に対する適応が良くなったんですね。

それから、これは自分自身の経験ですが、周りの人が皆いい人だったら、ダメになっていたかもしれません。多少嫌な人がいてくれたほうが、自分を成長させてくれるということもあります。相手は上司ばかりでなくて顧客であるかもしれませんし、治療者の場合は患者／クライエントということになります。私も患者さんからさんざん罵られたり、関係がうまくいかないこともありました。「お前なんかに何がわかるんだ」みたいなことを言われれば、こちらも傷つきます。ところが、次に似たような患者さんに出会ったときに免疫ができて、もうちょっとうまく対応ができるんです。その場ではわかりませんよ。その場ではその人が憎いですから愚痴ることだってあります。

ただし、しかるべき対処をとる必要がある場合ももちろんあるので、ハラスメントの概念もかつてより成熟してきていますから、そういうときは何らかの策を講じなければなりません。

三田：別に「発達障がい」ではなくても、人間は一人よがりですし、人のせいにしたいですよね。世代間の問題というのは仕方がない側面があります。歴史的にそういう過程にある、その与えられた条件の中で最善を尽くすしかない。上司が悪いから報われないと思うより、どうやって改善していくかを考えるほうが健康的かもしれませんね。私の友人にも編集者に恵まれないと嘆いている作家がいます。「良い編集者がいないから作品が世に出ない」って。でもそれは、作品が良くないだけで（笑）。

池田：ところで本も売れなくなって久しいですが、今の時代、本を読むことの意義というか、〈自我〉にとって何かいい働きがあるのでしょうか……？

三田：アニメやゲームでもロールプレイなどは、ある一定の物語が、一気にこちらに降りかかってきますよね。自分はそれに対応するだけで受け身ですよね。アニメは座って見ているだけでいいですし、ロールプレイのゲームも選択肢が出てきたらボタンを押すだけでいい。本でもひところ流行ったライトノベルなど、リーダブル（読みやすい）なものが売れています。けれども、私が子どもの頃読んだ「名作」と呼ばれる本は、そんなに読みやすくはなかったです。だから、「なんだか難しいなぁ」と思いながらも、だんだん読んでいくうちに面白くなってくる。そういうふうに、自分の中で好奇心を掻き立てながら物語の世界に入っていくと、奥深さみたいなものがわかってくるんですね。本というのは平面なんだけれども、その奥に何か「広い領域」があるのだと私は思います。読み手の想像力や思考力によって広がっていく領域です。ですから、本は人の想像力や思考力を養うものです。対人関係のスキルを磨く上でも必要なことだと思います。好きなときに開いて読めばいいので、時間も有効に使えます。そして、ときどき本をパタッと閉じて、自分なりに物思いにふける時間もいい。一冊のコストパフォーマンスもいいです。五〇〇円の本だって何時間も楽しめるし、あるいは一冊の本を生涯何回も読み返して味わうこともできます。紙の本はそれだけのパワーを秘めていると思います。

池田：私たちの世代は活字中毒みたいなところがありますよね。文学は実学としては役に立たないかもしれませんが、物語が記憶のどこかに眠っていて、何かの拍子に引っ張り出されるということはあるのだと思います。三田さんの『いちご同盟』は、ご長男が落ち込んでいるときに書かれたそうですよね。私の場合、先日ちょっと家族が落ち込んでいたときに、ふっと石川啄木の歌が思い出されたんです。

友がみな我よりえらく見ゆる日よ　花を買ひ来て　妻としたしむ

全然忘れていた歌なんですが、その状況になって「こういう心境なのか」とわかるんです。三田さんがご次男の受験のときに、国語の読解対策として様々な場面の気持ちを一緒に想像したとおっしゃっていましたが、文学の力はこういうところに活きてくるのだと思います。はっきりと言葉には表せないのですが、一見役には立たないかもしれませんが、情報を処理することとか受け身になって楽しむものとは違って、自分の中に取り入れた言葉をメッセージとして人に伝えられたり、こころのゆとりになっていくというのは、文学ならではですよね。たとえば、画家とか演奏家のように芸がある人ではない限りは、なかなか自分の技で人を慰めるというのは難しいことですが、本に書かれる小説や詩というのは、一緒になって気持ちが共有できるもので、かけがえのないものだと思います。

セッション４　こころを病むということ

——精神疾患と時代

「離人感」について

池田：精神療法や精神疾患というのも時代と無縁ではありません。時代によって生み出された疾患を治療法が追いかけていくというのは、やむを得ない面がありますね。

前回、働く現場における世代間差というお話が出ましたが、三田さんは企業に勤めながら小説を書かれて、『僕って何』で芥川賞を取られましたよね。これは本当にすごいことだと思うんです。その前の『Mの世界』に描かれた、ある種の「離人感」が創作のヒントになったということですが、この感覚は精神医学的にどのように評価すればいいのか難しいところもあります。我々治療者が気を付けなければならないのは、症状を「いけないもの」「異常だ」と決めつけてしまって、それを消すほうにもっていきがちになるということです。考えてみると、三田さんは人間関係や社会と距離を取るのがとても上手でいらして、そこに入っていっても巻き込まれず、一歩引いた冷静な自分がいらっしゃるように感じます。もしそれを「離人症的な能力」ととらえて他の障害で考えてみると、発達障がい傾向のある方の場合は一つのことに没頭できるエネルギーがあって、傍から見れば単純作業のようなことでも集中して取り組める力がある。統合失調症の「人嫌い」的な傾向がある種の作業への集中力として働いたりする。躁鬱的な人でも度を越さなければクリエイティブな発想を生んだりする。このように、症状による特性にもプラスの側面があります。精神療法を行う上では、こういう面を見落としてはいけません。

三田さんご自身は、この「離人感」はどうとらえていらっしゃるのですか？

三田：離人症という言葉は、私自身は知らなかったんです。芥川賞を貰って初めてマスコミの世界に出たときに、ある雑誌から掲載する作品が欲しいという依頼があったんですが、忙しすぎて用意がないと言ったら、じゃあ対談をしましょうということになりました。相手の方は当時文芸評論家で今は哲学者の柄谷行人さんでした。柄谷さんは新聞で書評を書いていらしたので、私の作品も読んでおられたそうで、受賞した『僕って何』の一〇年前に発表していた『Mの世界』も知っていて、「あれは離人症だね」というふうにおっしゃったんです。そこで初めてこの言葉を知りました。当時、ああいった感覚については、精神分裂病（現在の統合失調症）の一部だと考えられている誤解もありました。人格が分裂しているような感じがして、自分が自分でなくなるように思えてくる。

けれども、離人的な感覚というのは、病気ではなくても、誰もが日常生活から少し外れると感じることがあるのではと思います。「あれ？　ちょっと変かな」と違和感を覚えるような感覚は皆が経験があると思うのですが、私は昔から割と離人的でありまして……。というのは、本を読んでいたり、テレビや映画を観ていても、そこにのめり込んでいくんです。でも、他の人でも、映画を見て感動すると、映画館を出て何日かはちょっと変な感じがしますよね。そういう「自分が自分でない感じ」を私の場合いろいろなところで体験していて、それを大げさにして小説にして書いてみたのが『Mの世界』です。

こういうふうに、物語の世界に引き込まれやすい人というのは、日常に戻ったときに、日常の中にいる自分、これを一応〈本当の私〉ということにしておきますと、〈本当の私〉を本当に感じられないという感覚があります。たとえるなら、ゲームをやっているときに自分のアバター（仮想空間の中での自分の分身）が画像の中で冒険をしているのを見ている感じで、現実の中にいる〈自分〉とは別にそれを動かしている自分がいるという感じです。初めて体験すると変な感じがしますが、誰にでもあるふつうのことだなと思うと、別に危ないとか病気だとかそんなふうにはなりません。私が初めて小説を書き始めたときなんかもそうで、登校拒否をしていたのでほぼ一人で過ごしていましたが、学校に戻ってみると落第しているので年下のクラスに転入生みたいにして入っていくわけです。そこではなんとなく別の自分みたいなものがそこに居る感じがするんです。クラスというゲームの中で〈アバター〉の自分が役割を演じる、休み時間になれば誰かと話をしないとまずいかなと思うので適当に話をして、私に何かを尋ねてくる人もいるのでそれに答えていく、それでも一応は人間関係ができてくるわけです。次の学年に進むと、もともとの学年は卒業してしまっているので、自分だけが知らない人の中にいるわけですが、それでもちゃんと自分のアバターが人間関係を結んでいく。大学に入っても、就職しても、同じような感覚で人間関係を結んでいきました。

自動車メーカーのホンダの下請けで機関誌の記事を書く仕事をしていたときには、クライエントで怒りっぽい人がいて、よく叱られましたが、怒られても私の〈アバター〉が怒られているように感じていたので、特に痛痒を味わうこともない。まあ、これが仕事なんだというくらいに感じていられるんです。今度は子どもが生まれくると、〈父親役のアバター〉として子どもの前にいるわけです。そうすると、私が現実に体験していることは、自分の〈アバター〉の周りにある、ある架空の空間での出来事だというような感覚で捉えていきます。これはどうしてかと言うと、小説を書いていると、自分の頭の九〇％くらいにそのときに書いている小説の世界があるので、そちらのほうに現実感があるんです。職場があって、仕事を終えたら家族がいるとか、そういうのは別のところにもう一つ架空の世界があって、そこでもそれぞれの物語が進行しているという感じです。その物語も、途中で壊れてしまったら面白くないので、なんとか壊れないように、自分の役割を果たしてくわけです。

私の長男がピアニストになりたいと言ったとき、できるだけ支援をしようとブリュッセルへ留学に出したのですが、親がベルギー大使館で申請をしないといけないということで出かけていきました。預金通帳を見せて、自分が保護者で確かに支援ができますという誓約書を書かないといけないんです。その時に「自分はなんでベルギー大使館にいるんだろう?」という感じがしてきたんです。自分が自分でないような感じですね。ふだんはそういう場所に行きませんからね。その長男は「自分はユニークでありたい」というキャラクターだったので、自分を守ることができるんですが、一方で次男は環境に溶け込むタイプだったので、地元の荒れた学校に行かせてしまうと大人になったときにうまく人と付き合えないんじゃないかと先のことを考えて、二年間付きっ切りで勉強を教えて中学受験をしました。中学に入ればあとはお任せ、自分でやってくださいというふうにしました。ただ、彼らが大人になってからも一緒に酒を飲んで話したり、父親としての役割はあります。

こんなふうに、誰かに叱られたり、ちょっと困ったなとか、追い詰められたりしても、今対応しているのは架空の〈アバター〉なんだと思ってみれば、時間をやり過ごすことができます。追い詰められたとしても、自分が一〇〇%追い詰められているのではなくて、自分の中のある〈部分〉が追い詰められている、ページをめくったらまた違う世界があるんだというふうに思えれば、切り抜けることができます。そういう意味では、〈離人的な振る舞い〉とか〈アバター〉という考え方は、一種の「生きていくためのノウハウ」みたいなものです。今自分がいる世界は一〇〇%の現実ではないというくらいの気持ちでいることが、現代社会を生きていくには必要ではないかと思います。私の場合は、そんな感じで今日までやり過ごしてきました。

池田：以前三田さんから、「離人症の文学だと決めつけられると釈然としない思いがあった」というお話もお聴きしまして、それで私が想像していたのは、創作のときに起こる「ゾーン」のような体験というか、自分が書いているのか手が勝手に動いているのか判然としない体験が中心にあるのかなということでした。私自身もそういう体験をしたことはあります。ただ、今語られたことからは、日常生活のいろいろな場面で〈客観的な自分〉というのが重要な意味をもっていることがわかりました。三田さんは穏やかでいらっしゃいますよね。議論に熱中してキレやすくなってしまったりすることもなく、上司から叱られても落ち着いていることができたりする、その感覚というのは、『Mの世界』だけでなく『僕って何』にも描かれているような、自分を見つめるもう一人の存在を感じさせる作品の魅力としても滲み出ているように感じます。三田さんの独特の「離人的な感覚」というのを言葉で表現していただいたので、パーソナリティだけでなく生き方そのものに影響を与えていることがわかって、興味深く聞かせていただきました。

そんな才能にあふれる方とはいえ、すでにお子さんがお生まれになっていて、まだ芥川賞をお取りになる前に、会社を退職して職業作家を目指されたというのは、なかなか勇気ある決断だったのではないかと思うんです。この選択をされたときは、どんなお考えがあったんですか？

三田：今から思うと、過剰に楽観的でしたね（笑）。

池田：（笑）。

芥川賞受賞の頃

三田：芥川賞をいただいた『僕って何』を書いたときというのは、大学の卒業間近で卒業論文を十二月に書いて一月に提出する前で、一月には定期試験もあったんですが、ぼんやりと「単位を一つくらい落として留年するのではないか」と思っていました。大学にあと一年行かなくてはいけないかもしれないけれど、その時点で子どもが生まれることがわかっていて、まあ困ったなという状況だったんです。こういう状況で、『僕って何』の草稿を書きました。そのときに初めてポピュラーなものを書こうと決めたんです。それまでは、サルトルと埴谷雄高にかぶれていましたので、難解な哲学小説を書こうというような思いでいたんですが、小説家として売れないと継続して書けないし、子どもも生まれるので家族を養わないといけない。それで初めて草稿を書いてみて付き合いのある編集者に見せたら、ちょっとふざけすぎている、ユーモア過剰でドタバタ喜劇になっているので、もう少し文学に引き戻したほうがいいというアドバイスを受けました。

ここから書き直すまで少し時間があります。というのも、アドバイスをもらった時点で単位が奇跡的に全部取れて卒業ということになって、居場所がなくなってしまったので、じゃあちょっと就職ということをやってみるかなということになりました。大学に入ったのも体験で、そこから何か得られるものがあるだろうと思ったので、就職も自分の勉強のために会社という場所に入って体験してみようというつもりでした。新聞の求人広告で何かできそうなことはないかなと探したら、編集者の募集がありましたので、履歴書を持って面接に行ったら、三〇人くらい他の応募者がいて、筆記試験と面接を受けました。私は割と面接受けするほうなんです、いい加減なことしゃべれるんでね（笑）。その会社から内定が出て、一年くらい働いていました。

一年間ふつうに働いたところで、もう少し面白い仕事があるんじゃないかなと思って、また新聞を見て別の広告会社に就職しました。そこは人気のあるPR誌を発行している会社だったので、応募者が四〇〇人くらいいました。結局、行きたかった部署に入れず、販売店向けの機関誌の部署に配属されました。ここは三年くらい働いていましたが、その最後の年に、文芸誌の編集者ともう一度相談して、大学の卒業間際に書いた作品を書き直そうということになりました。自分では書き直したら物になるという自信を持っていたので、それなら書き直しの作業に完全に集中しようと、会社を辞めました。

今から考えると、二人目の子どもも生まれていたので、大変な「背水の陣」ですよね。ただ、若かったですから楽観的でした。それから、ここまでの過程でフリーライターの勉強もしていたので、それでも食べていけるから、まあなんとか生きてけるだろうと、そう思っていたところで芥川賞をもらって、専業作家となりました。でも、芥川賞をもらった作家はだんだん売れなくなってくるので（笑）、徐々に大学の先生のほうに鞍替えして、大学では最後の数年間で学部長をしていたので、それは忙しかったですね。今は定年退職をしてから、また専業作家に戻っています。

運が良かったんだと思います。高校時代に登校拒否をしている間に初めて書いた作品が『文藝』という雑誌に掲載されたのもラッキーですし、会社を辞めて書き直した作品が世に出たのもラッキーでした。その反面、これは自分の実力だろうと思っているところもありますが（笑）。ただ、実力があっても運がなくて軌道に乗れない人もたくさん見たので、やっぱり運が良かったと思いながら今日に至っています。

池田：芥川賞を取る前に仕事を辞めたのは、ある程度退路を断たないとダメだというお考えもあったからですか？

三田：私は集中型の作家なので、サラリーマンをしながら小説を書くというのは難しいかなと思っていました。ただ、大学を定年退職する前の六年間は、学部長をしながらドストエフスキーを書き換えて四部作を書いたので、やればできるんだなとは思いました。大学の先生はサラリーマンとは違って、専任でも自分の授業のコマは五コマとか六コマなんで、集中できる自分の時間は確保しやすいです。だから両方できたんですね。

ただ、仕事をしながら同人誌をつくっている方と出会う機会もありますが、皆さん良い作品を書いているので、残業をしないでまっすぐ家に帰って、土日も創作の時間にあてたりすれば、会社員として仕事をしながら自分の時間を使ってもう一つの世界を持つのは可能だと思います。

池田：三田さんの生活では創作が中心にあって、大学の先生を引き受けられたのもそのためという感じなんですね。

私たちの時代は終身雇用で、仕事である程度形になるものをつくれば喜びが得られるという世の中でしたが、成果主義が導入されると、企業だけでなくて大学をはじめとした教育現場にもこの考え方が持ち込まれました。極論を言えば実学以外は不要「文学部や哲学部などはいらない」という考えもあります。一方で大学自体が安定した仕事に就くための資格を得る「予備校」みたいな感じになってしまっています。したがって、学生生活にも余裕がなくなってきて、むしろそれが大学のあるべき姿であると昨今では無批判に受け入れられてしまっています。心理職を目指す方は、心理学科や心理学部で学ぶことになりますが、公認心理師制度がスタートしたので、ともすればこうした場所も予備校化しかねません。

心理専攻の学生であっても、それこそ「自分って何」とか「こころとは何か」ということを考える暇もないまま、学生生活が終わってしまいます。もちろん全員が心理職を目指すわけでもその仕事に就けるわけでもないので、大体三年生くらいから就活が始まります。こういった余裕のなさは医学部生も例外ではなく、一年生から専門知識を詰め込まれます。こういう社会になってしまっているので仕方がない部分はありますが、三田さんと同世代の村上春樹さんも早稲田大学で、七年間大学生活を送るというモラトリアムを送られたようですし、私も浪人を経験しています。しかし、そこで得たものは決して少なくありませんでした。様々な分野の違いがあるので、一概にどういう学生生活がいいのかということは言えませんが、一つ確かなことは皆非常に余裕がなくなってきて、就職する前から成果主義的な考えに染められてしまうということです。

三田さんは大学で学部長も務められていたので、そういうことについては生の感触というのがおありではないかと思うのですが。

文学部生の意外な適性

三田：私が定年まで勤務していたのは武蔵野大学ですが、新興の大学で、かつては女子大で文学部しかありませんでした。最近は毎年新しい学部をつくっていて、私がいた当時は薬学部、看護学部、それから心理学も学べる人間科学部がありました。国家資格については薬剤師と看護師の勉強ができますが、大学として合格率一〇〇%を目指していて、それをしっかり達成していました。私立大学でも優秀な合格率です。なぜなら、入学時点で偏差値が高い大学よりも、中堅クラスの大学のほうがカリキュラムが厳しいからなんです。これは、卒業までこぎつけたら国家資格はもちろん合格というくらいの大変さです。ドロップアウトしてしまう人もいました。

そういう学部の学生と、私の教えていた文学部の学生とを比べると、文学部の学生は遊んでいるんですね。クラブ活動やサークル活動をしていますし、私のゼミなんかもほぼ雑談です（笑）。私は「雑談学」と呼んでおりましたけれども、雑談の能力というのは人間に一番大事なものなんじゃないかと思います。就職試験の面接でも効果を発揮しますし、営業部でも企画課でも、どこでも雑談の中からアイデアが生まれてきます。逆に言うと、文学部の学生は子どもの頃から本が好きで、図書館で本ばかり読んでいたので、書くのは得意だけれどしゃべるのが苦手という子が多いです。そういう学生たちに、「作家にとって一番大事なのは、しゃべる能力なんだ」と教えていました。編集者に企画を話して、出版してもらえるよう説得しないと、生きていけないわけです。だから、書く前にまず企画を立ててそれを語るということができないといけない。私のゼミは小説の書き方を勉強するゼミでしたが、書き始める前に何をどう書くのか話してみようと、プレゼンテーションすることを大切にしていました。不思議なことに、プレゼンテーションの力がつくと、ちゃんと就職もできていくんですね。

これで感じたのは、世の中の大半の仕事に資格は要りませんが、その代わりに必要なのはこのプレゼンテーションの力なのではないかということです。教え子の中には毎年数人システムエンジニアになる人がいました。システムエンジニアは、プログラマーに「こういうプログラムをつくってほしい」

という設計を、フローチャートに落とし込んで指示する仕事です。フローチャートを書くには、まずクライエントから「こういうシステムを作りたい」「ホームページをこういうふうにしたい」という要望を聴き取って、プログラムで何ができるのか・できないのかを把握していることを前提に、「こういう便利な機能がありますよ」と提案をしたりしながらまとめていくわけです。ある意味で営業的な仕事ですよね。これは文学部の学生は得意なんです。コンピュータの専門学校でプログラムを学んでも、なかなかこの能力は身に付かないのではないでしょうか。お客さんの要望を聴いてプログラマーに指示を出せるくらい具体的なところまで持っていくには、営業力、プレゼンテーション能力、それから聴き取ったことをチャート化する能力が必要です。これらは、小説を書く能力とつながっているところがあります。

ですから、文学部を出ると仕事があまりないと言われたりしますが、活躍できる仕事はいっぱいありますし、企画や広告宣伝は文学部生にお任せというくらいです。ところが先生のほうでは、自分の知っている文学的知識をただただ延々としゃべるだけの先生がまだいます。私が学部長になったときは先生方に、「学生たちに話す機会を与えてください」とお願いしました。先生たちが話す古典や近代文学の知識というのは、そのままでは学生が社会に出た後の役に立ちません。ただ、文学のあるテーマで議論を交わしたり、研究課題を決めて文献を調べてまとめてプレゼンテーションをするといった活動には意味があるので、先生は文献の読み方や自分の考えを論理立てて説明する上でのサポートをすれば、学生に力がついてきて社会に役立つ人材になりますと言っていました。

池田：文学部の学生がシステムエンジニアの仕事に親和性があるというのは面白いですね。学んだ知識がそのままでは社会で使えないというのは、経済学や社会学でも同じことですよね。ケインズの本に書いてあることを読めば仕事ができるわけではありません。私が身を置いている医学の世界でも、臨床医の養成課程では患者さんとの面接スキルを身に付けることを重視したプログラムが多くなってきています。いくら資格職といっても、データ収集や分析はＡＩにはかないませんから。人間だからこそ力を発揮できる仕事というのはまだまだあります。精神科医というのはその最たる仕事です。内科医も、いろいろな検査データを本人やご家族の受け取りやすいように話す能力が必要になっています。

ジェンダーについて

池田：三田さんが教鞭を執られていた文学部は女性の比率が高い学部ですよね。就職ということを考えると、昨今喫緊《きっきん》の課題となっているジェンダー差別の問題があります。それから、企業の終身雇用もほぼ崩壊しかけているのと同様に、婚姻という制度も前近代的な感が拭えません。社会の在り方と自分のライフスタイルのバランスをうまく調整しなければいけない時代になっています。我々の時代というのは、女性が家庭に入ることが当然とされていた時代で、しかしながら女性の家庭での労働に対しては正当な対価が支払われていませんでした。男性も外で働くことが当たり前でしたが、現代では男性が家事をして女性が外で働くということも不自然ではなくなりました。そして、結婚をしなければならないのかどうかについては、まず、自分の性的指向や性自認について知らなければなりません。外的なプレッシャーと、自分は男性が好きなのか女性が好きなのかということの間で立ち止まる人もいます。あるいは、婚姻関係にまつわる性行為に違和感を持つ人もいます。

三田さんのご家族では、多忙なお母さまの代わりに、母親としての役割をお祖母さまやお姉さまがされたというお話でした。昨今、婚姻制度が自明のものではなくなってきていることについて、どのようなお考えを持っていらっしゃいますか？

三田：私が生まれ育った時代の人たちは、四〇歳くらいまで高度経済成長の時代が続いていました。その前段階の終戦直後は、日本全体のインフラ整備が遅れていたので、働いてもまともな収入がない状態でした。一生懸命働いても少ない収入の中から税金を取られますから、政治家は「所得倍増計画」などの政策を打ち出して、皆で頑張ればいつか豊かになるという夢を与えようとしました。この計画を発表した池田勇人は大蔵大臣から首相になった人ですが、最初の東京オリンピックを誘致した人でもあります。

最初のセッションでお話しした預金の引き出し制限などもそうですが、とにかく賃金が安いのに加えて個人が使えるお金に限度があった。ただ皆で働かないといけない、その中で生み出されたのが終身雇用制度、年功序列です。来年、再来年とだんだん給料が上がっていくということを経営者が約束した。今は自分の給料は少ないけれども、この会社を成長させたら自分も良い暮らしができるようになる。こういう、企業単位の全体主義システムができていきました。

ＰＲ誌の記者をしていたときに、クライエントの大企業の社内の催しで、技術コンテストの取材をしたことがありましたが、参加している人は楽しんでいるわけです。それを見て、なるほど、これは「村祭り」なんだなと感じたんです。かつては村単位の共同体がたくさんあってお祭りをしたりして結束を強めていましたが、当時は企業が一つの村として、労働者の福利厚生をうたってレクリエーションをしたり、保養所をつくったり社員旅行をしたり、社員はただお金を稼ぐための労働力ではなくて、コミュニティの一員であり、そこにいる人みんなで一緒に幸せになるという夢が共有されていました。これは幻想ではなくて、本当にそうだったんですね。

ところが、日本が社会主義的にインフラ整備をしているうちに、今、日本が中国に対して警戒するのと同じような感じで、欧米諸国が日本に対して警戒し始めました。そこで外国の資本を日本に導入しなければならないということが言われ出して、それまで守っていた企業文化が崩れ始めたんです。それまでは会社が儲かったら従業員のための施設を充実させる、レクリエーションに経費を使うといったことをしていましたが、小泉純一郎が首相になった頃から外資導入の流れが盛んになってくると、外国ファンドが株式を保有するようになって、社員の福利厚生のためにお金を使うことができなくなりました。大企業は軽井沢や箱根といった場所にたくさん保養所を持っていましたが、そんなものを持っていてはいけない、売って株主に配当せよということになっていきます。そして、年功序列や終身雇用制度も業績と給与の不均衡をもたらすとして批判の的になり、派遣社員を雇って雇用の流動性を高めていくなど、「コミュニティとしての会社」というものが崩壊していきました。会社がコミュニティとして機能していたときは、家族手当が充実していました。これは配偶者の収入制限がありますので、女性を家に縛り付けることになりました。

私の大学の仲間たちのほとんども、配偶者は専業主婦です。当時の文学部も男女比は同じでしたが、女性は就職にあまり恵まれません。早稲田の文学部を出ていても、集英社とか女性誌を持っていた出版社には強かったですが、一般企業に入ると暗黙のプレッシャーをかけられて早く辞めさせられてしまいます。男女雇用機会均等法が制定されたのは一九八五（昭和六〇）年で、これでようやく「形式上」は差別が禁止されましたが、我々が若い頃は男女平等という考えはなく、総合職はほとんど男性に占められていました。女性は大学を出て企業に入っても総合職に就けないことがわかっていたので、就職したら給料を稼ぐ夫を見つけてすぐに辞めてしまいました。ところが今は、企業の力が弱くなってきているので、「村社会」をつくれなくなったり、低賃金になってきたので、結婚しても、結局共働きをせざるを得ません。

ただ、共働きという点について、時代に逆行する発言かもしれませんが、一つ気になることがあります。子どもの成長に関して、一九一七年の革命が起きていたロシアや、第二次大戦中のアメリカやイギリスで似たような現象が起きました。女性は出産したらすぐに子どもを託児所に預けて働かざるを得ませんでした。託児所は何をするかというと、必要最低限の栄養を子どもに与えて、ただ子どもを寝かしているだけです。社会主義国では労働力の確保の観点から女性も男性と同じ仕事をするようになったこと、大戦中の国家では男性が徴兵されているので女性が働かざるを得なかったことという、それぞれの背景がありましたが、同じ現象が起きました。その結果、何が起きたかというと、子どもの認知能力の発達が遅れたんです。人間も動物とはいえ、遺伝子にある本能だけで生きているわけではなくて、後天的に授かった認知能力や意欲によって生きていきます。鳥でもひなは、最初に自分に利益を与えてくれる存在を求めて群れの中で生きて後をついていくということがあります。人間の場合はもっと複雑で、赤ちゃんが何かに興味を持つとお母さんが笑ってくれて、そこにいい世界があるんだと赤ちゃんが感じて、お母さんの話を聴くために聴覚が育ち、顔を見るために視覚が育っていきます。託児所みたいなところで寝かせておくだけでは、ちゃんとした人間にならないんです。それがわかったので、社会主義国でも保母さんがついて時々抱っこして話しかけたりということをするようになりました。

自然状態にある子どもの発育というのは、やはりある期間、少なくとも二年間くらいはお母さん、保護者と過ごす時間が必要なのではなかと思います。そうでないと、認知能力だけではなくて情緒も育たない。ひところスキンシップの大切さも言われましたね。専業主婦が「ふつう」だった時代は、テレビの前に子どもを置いて自分の趣味に専念するのはいけませんということも言われました。しかし、現代ではどうしても共働きをしないと家計も社会も成り立たないので、政府は一億総活躍社会といったことを喧伝するわけですが、その割には保育所などの子どもの面倒を見る設備が整っていませんよね。

私の長男がいるスペインでは、小学校三年生までは、お母さんが仕事が終わって迎えに来る時間まで、七限くらいまでしっかりと授業が入っています。四年生になると、午後は校外学習の時間になるんですが、音楽院とかスポーツスクールで活動をします。長男の妻は、そういう活動で使われる音楽院でピアノ教師をしています。午前中は社会人相手にピアノを教えていて、午後は子どもたちを教えます。自分の子どもも四人いるんですが、全員ある程度の年齢までしっかり関わることができました。なぜそれができるかと言うと、どの職場からも一〇分以内で行けるところに必ず公立の保育所があるんです。仕事の休みの合間に車で出かけて、子どもとスキンシップをして職場に戻るということができます。

こういう設備が日本では整っていないので、この状況で共働きを強いれば、社会に混乱をもたらします。子どもの認知能力や情緒にも問題が生じてくるのではないかと危惧するほど、親子ともにつらい状況です。両親が働いていて、晩御飯も一人で食べなければいけないという子がいます。こんな状況ではいずれ社会全体が疲弊していきます。もっと政治によって社会全体のサポートが必要ですが、これは一朝一夕にはできませんので、その過程で困った状態も起こってくるのではないかと思います。

池田：子どもの情緒面については、ただ放っておいてはいけないというのはまったく同感です。共働きをしないと社会構造が成り立たない現状がありながら、その支えとなるようなインフラもなく、認識も追いついていない。実際、今の学生に接していると、結婚願望がなかったり、子どもを育てるということが大変なのではとあきらめている人もいたりします。

こうした社会変動と関係するのか、ＬＧＢＴＱについての認識も広がってきています。我々の時代というか、それこそバブルの時代では、たくさんの異性と交際するのが「常識」のような事態もありましたが、今や人と人との関係性自体が多様になってきています。ただ、知識が広がってきているとはいえ、まだ社会が受け入れていないところがあるので、当事者の人たちは深刻に悩んでいます。

我々の時代では「社会通念」であった、結婚をして子どもを産み育てるという行為が、三田さんがおっしゃったような現代社会の背景を踏まえると、希望を持ったり一般的なこととして考えることが苦しくなってきているように感じます。私が精神科医として接している患者さんたちの傾向を見ても、ひとり暮らしで寂しいという人よりも、専業主婦で夫の理解がなかったり、子育てや二世帯同居での関係の難しさなどといった、家族を持つことで生まれる悩みから受診に至る人のほうが多いんです。若い世代の人たちは、上の世代の人たちからこういう現状を垣間見たり、実際にインフラの未整備の中で暮らしたりしているので、異性と恋愛して結婚するということに希望が持てなくなっている。

もはや家族がその機能を果たさなくなっている時代と言えるかもしれませんが、三田さんの目にはどのように映っていますでしょうか。

三田：よく問題として言われるのは、日本は女性の政治家の割合が先進国中最下位であるということですよね。これは江戸時代以来の儒教思想に基づく社会システムの弊害です。男女格差という点では日本は非常に遅れています。先進国で女性が活躍している国を見習ってシステムづくりや意識改革を進めて行くべきです。諸外国の中では国会議員や地方自治体の議員でも、一定数の議席を女性議員にしなければならないと明文化しています。極論かも知れませんが、たとえば女性候補者の得票は男性の五割増しにしてしまえばどうかとさえ思います。与党の男性候補と野党の女性候補が接戦になったら、女性の得票は一・五倍にするとか、そういうシステムをつくってしまえばいい。企業も管理職の一定数を女性にすると決める。それだけの能力を持つ女性は必ずいるので、やろうと思えばそれほど難しいことではありません。

ただこれとセットで、共働きで子育ての時間が取れない親をサポートする制度も整えないといけません。例えば、公認のベビーシッターとか、全寮制の学校をもっと増やすといったことが必要かもしれません。まず、すべての国民が、女性が活躍する社会づくりを目指すというコンセンサスを持たなければなりません。もしかすると、その過程で、逆の不公平感というか、女性が優遇されすぎているというクレームをつける男性がいるかもしれませんが、過渡期にはそういうことがあるし、女性が活躍したほうが、世の中が進むことは確実なので、古びた儒教精神みたいなもので女性差別をしている男がまだいるという現状を認識して、考え方の改革をする方向に進まなければなりません。

池田：ありがとうございます。三田さんは現場にいらしたとき、学生の性の意識の変化みたいなものは感じられましたか？

三田：どうでしょうかね……。それほどたくさんではないですが、少しはあるかもしれません。でも、同性愛というのは昔からあるものですよね。江戸時代に『葉隠』を書いた山本常朝《つねとも》は、この本の中で「忍ぶ恋こそ恋の本意なれ」と言っていますが、この忍ぶ恋というのは遠くから憧れるだけで声をかけてはいけない、好きだ好きだという気持ちはこころの中にしまっておきなさいという意味ですが、これは山本常朝自身が若侍に恋をしていることを言っているんです。で、好きだと言っちゃいけない、我慢しようという自重の文章なんですが……。そういうことは昔からのいろいろな文学にも書かれていますから、不自然なことではありません。

お寺にも「稚児さん」という男の子の僧侶見習いがいたり、将軍の周りには「近習」という美少年の家来がいて、その間で恋愛感情が生まれたりもしました。それで、放っておくと跡継ぎが生まれないというので、夜になると無理やり将軍を大奥に連れて行ったりということもあり……。人間の自然な状態として、必ずしも男と女だけで愛し合うわけではないというのは、ギリシャ・ローマ時代の哲学者のプラトンの作品にも出てきます。人間は生まれる前は四つ足の動物であって、それが分裂して男になったり女になったりする。元の四つ足の動物が、分裂した後それぞれ一つになっても、生まれる前の相棒を求めて生きていくというんです。つまり、分裂する前が男と男なら、生まれた後、出会った男性を生涯の伴侶だと思うこともあるとプラトンは言っています。

子育てを考えた場合に、家庭には父親と母親がいて子どもを育てるという規範があって、それを押し付けられるためにつらくなる。しかし、欧米では養子縁組が盛んに行われていて、同性カップルで里親になる人もいるようです。日本にはこういう習慣があまりないですが、これから男性同士、女性同士の婚姻が認められると、子どもを育てたいと思う人がもちろんいるはずですので、そういうシステムが確立されていくのではないかと思います。

池田：三田さんのご長男はスペインにいらっしゃるので、文化の温度差というのをより肌で感じられるのではないかと思います。ただ、スペインはヨーロッパの中では必ずしも先進国ではありませんが、かなり社会制度は充実しているのでしょうか？

三田：あまり豊かな国とは言えませんし、第二次大戦後から長いことフランコという人が独裁政治をしていて、鎖国状態でした。ですから、私ぐらいの年配の人は英語を話せません。けれども、社会制度は日本よりはるかに進んでいます。それは、お隣のフランスやイギリスの様子を見ていて、同じようにやっていかないとEUみたいな共同体に入れないと思ったからでしょう。スペインは国としては貧しいけれども社会整備は先進国に追いついています。一方で、日本は欧米から距離があるので、なかなか情報が入ってきませんし「日本はいい国だ」みたいな、島国根性もありますよね。ところが、世界中のマクドナルドのビッグマックの価格を比べてみると、日本の価格はほとんど最低なんです。物は安い。物が安いということは、そこで働いている人の賃金が低いということです。それだけの貧しい国になっているということなので、なんとかしないと最底辺の国になってしまうという危機感を持って、社会システムを向上させていかなければなりません。

社会に対峙する〈自我〉

池田：システムの整備に本腰を入れてやっていくとかなり大変だというのは、今回の東京オリンピック開催の経緯を見ていてもわかりますよね。森元首相の失言[注1]に象徴されるようにはからずもジェンダー意識の遅れというのも露呈されてしまいました。問題は森氏の発言だけではなくて、ああいった意識が問題視されずに許されているということです。男は外で働いているから家ではわがままが通るといった時代はとっくに過ぎているのに、その意識だけを引きずって定年を過ぎたら、年を取ると家に居場所がなかった、という男性をたくさん知っています。この男性の意識の低さというか、旧態依然とした意識は変わるものなんでしょうか？

三田：一人ひとりの個人がビジョンを持って努力をする、という感覚が日本人にはないんですね。周りと同じであればいいという意識がありますから、まずそこに目を向けないといけない。文学の歴史から見ていくと、明治時代になって、「これからは〈自我〉というものについてちゃんと書いていかなければならない」という運動が起きて、個人のこころをしっかりと見つめた作品も生まれてきました。たとえば、夏目漱石は恋愛というのは一つの〈自我〉の芽生えだと考えます。同時代の島崎藤村はもう少し強い〈自我〉を作品に書いていました。田山花袋という人は『蒲団』という小説で、恥ずかしい〈自我〉というものを書きました。結局これは何かというと、悩みを抱えた人が内面の吐露する「告白の文学」が価値を持って語られた時代がありました。それが途中から、「恥ずかしいことを告白したら文学になる」という間違った方向に行ってしまって、日本独特の私小説というものができてしまいました。

欧米の場合は、神という絶対的な存在がいて、それに向き合ったときに自分はベストを尽くして生きているだろうかということを考えるわけです。文学にもそれが表現されています。カミュという人は、「神がいなければベストを尽くす必要はないのだろうか」ということを考えて、『異邦人』という小説を書きました。その後すぐに書いたのが、あの『ペスト』です。神様がいようがいなかろうが、目の前で病気が流行っていたら医者は現場で頑張るしかないということを書いたわけです。同じような考え方は、当時で言えば「実存」になりますが、これは社会とサシで勝負する〈自我〉という考え方です。

つまり、エゴイズム追究の対象として〈自我〉を捉える人もいれば、社会のために〈自我〉を使っていくと決心する人もいるのですが、いずれにしても神様とサシで勝負できるような〈自我〉を持った人間として、「自分はこれのために生きる」というビジョンを持っているということが、文学にも描かれているわけです。

日本の場合は何となく世間を気にしながらこそこそと生きていく、そんな文学しか育たなかったと

注１：二〇二一年二月、東京五輪・パラリンピック組織委員会の森喜朗会長（当時）が日本オリンピック委員会（JOC）臨時評議員会で「女性がたくさん入っている理事会は時間がかかります」などの発言をした。

いうのが、今から思えば非常に残念なことでした。ただし、それを支えてきた読み手がいるわけで、社会そのものが何よりも世間体を気にしている。みんなが世間体を気にしていれば進歩はないです。「それでも地球は動いている」と言ったとされるガリレオのように、社会の中で孤立を恐れずに何かに挑戦する人が、日本には少ない感じがします。日本人でもノーベル賞をもらうような突出した業績を残す人はもちろんいますが、全体の中で標準的な層に、自分のビジョンを持とうという人が少なくなってしまう世の中に問題があるのだと思います。

池田：カミュのお話がありましたが、人間というのはいろいろ物を考えるけれどもそれだけではうまくいかなくて、不条理だらけです。これはいつの時代もそうですね。

文学で行おうとしていることにも通じるのかもしれませんが、精神療法では、相手の〈自我〉と治療者の〈自我〉が対峙したとき、相手の不安定な〈自我〉に巻き込まれず、良い部分を見つけてあげたり、自分は自分でいいんだと再発見させてあげたりすることが、大きなテーマになってくることがあります。夏目漱石の文学は象徴的で、精神科医療の観点からしても、〈自我〉について重要な示唆が描かれています。文学と、我々が精神療法で行っていることやカウンセリングには、共通性があるような気がします。

雑談力というお話もありましたが、これはカウンセリングにも重要な能力なんです。我々の心理臨床の場面でノルマをこなさないと自費診療、保険診療いずれかにかかわらずペイしないので、ノルマに追われることがあります。けれども、そこにばかりとらわれてしまうと、雑談をせずにひたすら症状を聴き取って治そうとすることに終始してしまう。その中では〈自我〉というものが本当におざなりになってしまうという弊害があります。これは精神科医療の宿命のようなテーマです。とくにこれからの時代は、いかにそれらの折り合いをつけるかが大切になってくると思います。あんまり症状にとらわれずに違う話が出てくると、患者さんに余裕が出てきたということがわかりますし、診察室から笑い声が聞こえるようなことがあってもいいと思うんです。

　ところで、本書の主な読者対象である心理職の方について触れたいと思います。心理の仕事を文化にどう適応させていくかという問題は重要なことです。職業としては安定していますが決して高収入ではありません。心理職は女性が多いので、ここにもやはりインフラ整備の問題が絡んできます。これは個人的な経験なので軽々しく語れないことですが、三田さんの場合でも、ご自身が子育てをされた経験が作品に深みを与えて、小説家としての成熟を促したのではないかと、一人の熱心な読者として思うわけですが、それは心理職にも言えることだと思うんです。どうしても理論先行型という人もいますが、必ずしも理論的にうまくいくことばかりではないという考えへと変化していくのに、人生経験は役に立つはずなんです。もちろん、臨床上の経験だけでもこういう変化は起きますが、私の経験で言うと、パートナーを持つ、子どもを育てるということが、観念的に理解していた理論の裏付けになって初めてその考え方の意味を実感するということもあるのではないかと思います。

　ここはバランスが非常に難しいところで、自分の経験に固執してしまうとその押し付けになる危険性もありますが、精神科医や心理職は他の仕事以上に、自分の実体験や生活経験が治療に幅をもたらすものだと言えます。そういったことが実感できると、とてもやりがいのある仕事だと思います。

三田：私は素人ですけれども、心理学の理論というのはちょっと過去に確立されたものですよね。それに対して時代は移り変わっていくので、ある種の心理的状態の閾値もそれに合わせて推移していくのだろうと思いますね。ですから、絶えずリアルタイムの社会の変化をしっかりと理解して現実に対応していく姿勢が若い研究者には必要なことだと思います。

池田：現在の段階への適応も必要ですし、そのためには過去を知ることも大切になりますね。三田さんがおっしゃっていたように、特性が社会平均からあまりにも外れると、病気ということになるかもしれないけれども、あまりにも普通過ぎるのも面白くないでしょうし、画一的な人ばかりで社会が成り立っていると、何かの災厄が襲い掛かってきたときに生き残る人がいなくなってしまいますよね。だから、多様性があって人類が生き延びてきたという歴史があるんだけれども、どうしても個性を病的な側面から捉えがちなんです。障害も一見ハンディキャップがあるように見えるかもしれませんが、見方を変えればプラスになることもあります。障害と正常の閾値にしてもそうですが、この点を精神科医や心理職だけで話をすると忘れることがあるんです。病理的な特徴ばかりに注意が向いてしまう。それが昂じると、治すから矯正にいってしまう。

三田：従来の日本社会は多様性を許容して発達してきました。それが成果主義が輸入されてくると、一番効率のいい仕事をするタイプの人だけで組織をつくったほうがいいんじゃないかという気がしてくる。つまり、自己主張の強い人は組織にとってマイナスであるとか、忖度できない人は困るとかね。そうすると平均的な人だけで組織ができてしまって、全体が間違った方向に行ったときに、「これは違う」と言える人がいなくなってしまうんです。今の政府とか役所はそういう人がいなくなってみんなが忖度し合っていますが、コロナ禍において厚生労働省の人たちが宴会をしてしまったというニュースがありましたね。まあ厚労省は一番大変な役所かもしれませんから、あんなふうにみんなが集まって慰め合うという気持ちもわからないでもないですが、このご時世にそれはまずいんじゃないかと言える人が、その中に一人もいないということが良くないんですね。

奇しくもコロナ禍でオンラインでのやりとりが普及しましたよね。今までは人間と人間が顔を突き合わせて、何か打ち合わせが終わったらちょっと飲みに行こうかということで、人間関係をつくりながら社会が成り立っていました。今までは飲みニケーションだとか言って、これも仕事なんだという風潮もありましたが、そこから一つ別の流れが生まれてきています。オンラインだとまあ雑談ができるくらいで、場所を移動して飲み会をするということはできませんけれども、これで仕事が済むようになると、東京や大阪といった大都市への一極集中が解消されるかもしれません。私の知り合いの小さいお子さんがいる人が、都心では保育所の空きがないということで、まだ空きがある東京近郊に引っ越しました。両親とも都心に通勤するわけですけれども、余裕のある保育所に入れないと子どもにプレッシャーがかかってしまうので、やむを得ずそうしたようです。ただ、コロナ禍で、仕事自体もテレワークが可能になって、ちょっと静かな場所に引っ越して仕事をしようという動きもあります。こういう動きが全体に広がって職住近接になって、ちょっと世の中が変わってくるといいですね……。

池田：最近では医学や心理の学会も、オンラインが増えました。これがいいのは、大きな会場に集まる学会だと、一般演題の発表なんかだとそんなに質問が出ないので、座長がお手盛りの質問をしておしまいということになるんですが、オンライン上だと発表が一定期間保存されるので、熱心に見た方から質問が来たりして、時代の変化でいいことも起きています。

三田：主治医と患者のやりとりもスマートウォッチで健康状態を記録したりすれば、お医者さんが訪問する必要はありませんよね。

池田：そうですね、なかなか今まで進まなかったことがコロナ禍で進んだということはあると思います。精神科領域で言うと、ひきこもりの患者さんと顔が合わせやすくなるということはあります。それから、へき地医療や訪問診療などは、正直効率が悪いところがあったので――もちろん実際に脈を取ったほうがいい患者さんもいますから、まったく対面診療をなくしてしまうのは問題ですが――それを補完する形で今まで機能してこなかったオンライン化がこれを機に進むことは十分あります。

三田：アルコール依存症やギャンブル依存症の方がグループワークをしますよね。輪になって自分のことを話すという。あれはオンラインではできないのですか？

池田：そうですね。会って話をしていると話し過ぎる人への対応に追われたり、極端に険悪になることも少なくなりません。そういう点では、バーチャルになり過ぎるという難点はありますがオンラインのメリットもあるのかもしれません。

セッション5　こころのあそび

——芸術としての精神

池田：実は、こういう成果主義の世の中になっても、人間のこころの探究をしたり、そこから一歩踏み込んで自分の〈自我〉のことを知りたいという人が、ずいぶんいるように感じています。私が教えている心理学の授業を履修する学生は、コロナ禍でオンラインになってから他の学部の学生さんも含めて驚くほど増えています。

三田さんが教えておられた文学を学ぶ人たちもそうかもしれませんが、いつの時代も学問を通して自分のこころについて探究していくということを、人生の愉しみとして位置づけるのは大切なことじゃないかと思うんです。ただ小説を書くことを生業《なりわい》にするのは難しいのかもしれませんが、それでも文学を学びたいという方が文学を人生の愉しみとして続けてもらうために、三田さんはどのような指導をされていたか、お話しいただけますでしょうか。

芸事こそもう一つの人生

三田：日本には昔から「遊芸の文化」というのがあります。飛鳥時代から平安時代へと至って花開きましたが、天皇も含めて政治をしている貴族と呼ばれる人たちが、和歌を詠むだけでなく漢詩にも親しんでいました。これは江戸時代まで脈々と続きます。そういった創作のプロではない人たちが、手遊《てすさ》びで和歌を詠む。それが戦国時代の終わりから俳句というものになり、茶の湯、生け花といった詫び寂びの文化になってくる。茶の湯の大家であった千利休は、元々は商人で鉄砲の玉とかを売り歩いていたんです。それが、豊臣秀吉の知遇を得て、武将たちに茶の湯を教えるようになった。四畳半一間の茶室で、お茶を飲んでひととき、戦を忘れて風流を語り合う。これは、一種の演劇なんです。

登場人物が観客も兼ねている、一回きりの演劇です。いわゆる大道芸とは違う演劇のようなものが、茶室という空間で成立していました。

江戸時代になると歌舞伎という演劇が出てきます。はじめは出雲阿国《いずものおくに》という女性が始めたのですが、売春のおそれがあると禁止されました。次に、美少年を集めた若衆歌舞伎が流行ったら、これもまた売春の危険性があると禁止された。じゃあ今度は「野郎歌舞伎」ということで、おじさんの役者が踊るようになりました。でも、おじさんばかりが踊ってもあまり面白くなかったので、当時流行ってい た人形浄瑠璃の真似をして踊り始めたんです。これがウケたので、現代へと至る歌舞伎が成立しました。

江戸時代の人たちは、これを見るだけでなく、自分でもやります。日本舞踊と呼ばれますが、歌舞伎の踊りを習うんです。歌舞伎役者は現代でもそうですが、踊りの家元でもあるわけです。弟子とい うか、パトロンがいて、踊りを教えて一緒に踊る。そうやっていると、自分の先生が出る舞台は見に行きますよね。

能もそうです。足利義満なんかも自分で能をやりました。だんだん時代が進んでいくと、能のショートバージョンである幸若舞《こうわかまい》が流行ります。有名な演目は、織田信長が本能寺の変で臨終のときに舞ったとされる「人間五〇年……」の『敦盛』ですよね。

こうしてみると、日本人はただお金儲けのために生きるのではなく、手遊《てすさ》びの芸術を愛好して、それがもう一つの人生であるという文化をもっていたんですね。ですから、江戸時代の侍も商人も、四〇代半ばくらいで隠居すると、俳号をもらって俳句をつくって暮らすとか、踊りや謡いを愉しむ。

新たに生き直す人生があったんです。「名取」という制度がありましたけれども、これは師匠から芸名をもらったら、またそこから新しい人生が始まるということなんですね。滝沢馬琴なども、ある時期までは商人をしていて実業の世界にいたのが、どこかで創作に専念する契機があって、『南総里見八犬伝』などを書いて名を成していくわけです。

明治時代になると、口語体で書かれる近代文学が生まれますが、その始まりは同人誌みたいなものでした。『早稲田文学』とか『三田文学』とか、大学が発行している雑誌もありました。明治期の文学の先導者であった漱石も、朝日新聞の嘱託になってからは編集者も兼任して、一年の半分を連載執筆、残りの半年を編集者として寄稿してもらう作家探しにあてるという、セミプロでした。つまり、純文学小説を書いて有名になった人たちも、かつかつの生活で、ぎりぎり食べられていればいいというようなつもりでいて、それがだんだん貧乏になってくると、貧乏を書くのが仕事みたいなことになってきました。

現代は、作家とは別の仕事をしながら書く人もいますし、幸いにも今は創作の講義をしている大学も増えてきたので、私のようにそこで専任として給料をもらいながら小説を書くこともできるようになりました。

私は教え子の学生たちには、「これでお金を儲けようと思わなくていい、でも書き続ける。それが人生なんだ」と。お金を稼ぐための仕事は、主な人生たる創作生活を支える「副業」であるというふうに考えればいいと教えていました。文学に限らず、高齢者の人たちがリタイアした後、フラダンスをしていたり、カラオケ喫茶に集まったりしていますよね。とにかく日本人は芸事が好きで、そういうものがあるから人生もやっていける。お金を稼ぐ仕事がうまくいかなくても、もう一つの芸事の人生があるからやっていける。定年後どうしたらいいんだという本を何冊か書きましたが、五〇歳くらいからクリエイティブな生き方を探すと、人生が充実するのではないかと思います。

池田：三田さんの感触としては、そういった収入源以外のことに愉しみを見つける人は、それほど減っていないという印象でしょうか？

三田：そうですね、そういえば漫画の同人誌販売イベントで「コミケ」というのがありますが、実は文学の同人誌だけを販売する「文学フリマ」というのもあるんです。今はパソコンやプリンターが家にありますし、製本も自分でできますから、自由に同人誌をつくることができます。それから、Ａｍａｚｏｎでは五万円で「一人出版社」を立ち上げられるサービスを始めましたから、電子書籍でも同人誌をつくることができます。

このように、いろいろな形で創作物を発表する場所があるので、文学を愛好する人は引き続き一定数いるようですね。

心理学理論と実臨床

池田：だいぶ以前に三田さんの同級生で編集者の方とお会いしたときにもディスカッションしましたが、文学と心理学には共通点があって、自分のこころを知ろうという不変のテーマが通底していますよね。とくに、大学生で文学や心理学を志す人には旺盛な探究心があるといっても、大半の学生はふつうの就職をしていく。

心理学を仕事にするには、公認心理師という国家試験制度が始まったので、仕事として本格的に目指すとなると心理学部あるいは心理学科を卒業後に大学院などに進んで最低二年間は勉強しなければなりません。それでも合格率は六割程度なので、かなりの知識を詰め込む必要があります。しかしながら、ただ心理学の知識を吸収するのではなくて、その過程でやはり自分の〈存在〉そのものを確立していかないと、臨床場面に出たときに、〈自我〉が非常に不安定な患者さんと対峙するうちに、自分の〈自我〉が不安定になってしまうんです。したがって、教える側は本来は知識以外のことも教えないといけない。ただ知識が多すぎて、そこまでの余裕がないように感じられます。

臨床家になるために学ぶ心理学理論というのは、二〇代、三〇代の頃は頭でとらえている部分がありますが、時間が経つにつれてもう少し身近なものとして捉えられるようになるものです。文学だけでなく芸術全般に言えることでしょうが、小説も子どもの頃に読むのと大人になってから読むのでは、感じ方が違いますよね。個人的には『男はつらいよ』[注1]なんて、若い頃はどこがいいのだろうと思っていました(笑)。しかし、年を重ねてから見ると妙にこころに沁みてきたり、そういうテイストというのは心理学理論にもある気がするんです。文芸を座右に置くとより人生が豊かになるのと同様に、心理職の仕事においても、理論と臨床を行ったり来たりして知識が自分の中でこなれてくると、愉しみとまではいかなくても、味わいみたいなものが出てくると思うんですね。心理職の例で言うと仕事自体は理論だけでは不安定ですね。

たとえば、学生さんが心理士の資格試験の勉強をする中で、不合格の四割のほうに入ってしまうかもしれないという、相対的な評価にとらわれて一喜一憂することがあります。これは目標ありきの考え方ですよね。学んでいることと自分の存在とのつながりが失われてしまっている。大事なことは、合格する六割に入ることだけではなくて、心理学を学ぶということに自分を位置づけて、自分に向き合いながら全力を尽くすことなんです。その結果が不合格なら、それはそれで仕方がありません。これは、引き続きディスカッションが必要なテーマかもしれませんが、日本民族というのは誰かの顔色を窺いながら自分の立ち位置を決めていく傾向があるので、偏差値主義みたいになりがちですが、こういう心構えで勉強をして臨床の現場に立つと通用しません。なぜなら、患者さんは誰かの顔色を窺いながら過ごしてきて生き詰まってしまって受診に至る人が多いからです。自分がしっかりしていないと、〈自我〉が脅かされてしまいます。パーソナリティ障害のある方だけでなく、それ以外の患者さんも、もっと言うと治療者も含めた人間全体が情報量の多い社会の中で「情報のはんらん状態」になっています。治療者としてのトレーニングを積むときには情報を詰め込むだけではなく、何らかの〈これが自分だ〉というものを掴んでいかないと、それこそ自分が本格的に精神を病むことになると思います。

「知識を頭でとらえるのではなく、身近なこととしてとらえる」というのは、初学者というよりも、ある程度の経験を積んだ人が「達人の領域」へと入るフェーズのお話かなと直感的に感じています。

注1：『男はつらいよ』は、「寅さん」の愛称で親しまれるさすらいの旅人・車寅次郎を主人公としたテレビドラマおよび映画シリーズ。

多くのベテランの臨床家の先生も、最後は簡単なフレームに落とし込まれて、ご自身の臨床についてお話をされる印象があります。

「患者さんとはただ普通に話をしているだけだよ」とか、「僕の話なんて世間話だよ」「うんうん言って聴いているだけ」とか、シンプルな枠になります。これは精神科医になったときから、不思議な現象だなと思っていました。ふつうは、経験を積むほど複雑で専門的なほうへ入るのではないかと思っていたんですが、どの先生も「僕は単なるおじいちゃん先生だ」といった感じで、朴訥《ぼくとつ》とされているんです。これは〈自分のにおいのする臨床〉というか、〈手垢のついた臨床〉だと言えます。一方では、その人固有の臨床と、自己本位の主観的な臨床との違いというのも大切です。

一歩間違えると、「それはただ自分勝手なマイワールドの中でのことで、臨床を極めるということを諦めているのではないですか？」という誤解を生みかねませんし、現実には「私はもっと将来性のあるエビデンスに基づいた臨床を深めたいんです」という方もたくさんいらっしゃると思うのです。これは非常に難しい問題です。自分の中で理論がこなれてくるというのは大事ですが、子育て論と同様に、自分がうまくいったことを人に押し付けるのは危険ですしね。ただ一方では、私の経験からのお話ですが、若い頃は心理学理論というのは頭にインプットしておくプログラムのような気がしていたんですが、子育てをしたり、数十年以上お付き合いする患者さんが出てきたりすると、「ああ、こういうことだったんだな」と腑に落ちてくるんです。わざわざ理論の難しい言葉に置き換えなくても、実感として身近な言葉でわかりやすく話せるというんでしょうか。精神科医同士では理論として共有されている知識を、患者さんが知っている言葉で説明できるということでしょうか。

あるいは、こういうことも言えるかもしれません。例えば、患者さんとの関係性が煮詰まってきたときに、問題の本質を率直に伝えることで状況を打開しようとするということがあります。ここで二人の間に情が生まれて、より信頼関係が強まることもあれば、うまく関係を結べないこともあります。こういう場合、どの段階で次の選択をするかということとの慎重な判断が求められますが、若い頃は何らかの判断を迫られたときに、理論を踏まえて「自分のカードをここで切る」という感じで、少し構えていた部分がありました。それが経験を積むうちに、患者さんに問題を開示するにしても早めに選択をして、次に生まれる関係性の中で見えてくるものから、また新しい関係性をつくっていくということができるようになってきました。理論は使っているけれども自分の中で消化されて、それと意識されなくても自然に自分に合った形で使えているということでしょうか。私は今六〇代前半ですけれども、さらに年を取ると別のスタイルが出てくるかもしれません。そういう意味では理論も大切だと思います。三田さんの作品を読んでも、若い頃の作品と今の作品とで、味わいの違いがありますが、そういう点と共通するのかもしれませんね。

また、これはいわゆる文科系の学問に共通した問題で、実験を行いにくいという側面があります。医学や心理学の理論も不完全というか、どれだけ動物などで実験を重ねても最後は人間を相手にするので言葉という「記号」が重要になってくるのですね。

記号を額面どおり受け取ってしまうと、臨床への応用が不可能になったり、非常に硬い使われ方をしてしまうのだと思います。医者になりたての頃に、三〇代とか四〇代の精神科医から理論をゴリ押しされてアレルギーを起こしたことがありました。

三田：私は心理学の素人ですけれども、その視点から精神科のお医者さんと他の科のお医者さんを比べると、だいぶ違うところがありますよね。内科のお医者さんなら、血圧が高い人には薬を出して、患者さんはちゃんと薬を飲んで、次の診察で血圧計で計って問題がなければ、これは治ったということになりますよね。こころの病については、どうすれば治ったのかということが難しい。社会復帰ができたら治ったということなのか。また、社会復帰とは何かを考えると人生哲学、人間とは何かということが関わってきます。このあたりがいいところだろうという落としどころとしての人間哲学を、治療者と患者さんが共有できれば理想的ですよね。

例えば、私は障害のある人の作文コンクールの審査員をしているのですが、ある年に社会人部門で一等賞になった作文は——統合失調症の方が書かれたのだと思いますが——自分の中にもう一人の自分がいて責めたり衝動的にさせたりすると。もう一人の自分にとらわれていると日常生活に支障が出て病気だと言われ、社会に入っていくことができないのだけれど、主治医の先生が「そのもう一人の自分と友達になりなさい」と言ったそうなんです。分かれてしまった自分たちを元に戻そうとするのではなく、もう一人の友達がいるんだと。その人はちょっと困ったところがあるけれども、一生の友達だからずっと付き合っていきなさい、と言われたら、気持ちが軽くなったそうなんですね。友達なんだからちょっと変なことを言ってきても、うまく話をつけて付き合っていく。それで他の人と付き合うときも、周りの人にそういうふうに説明することで社会復帰したという作文でした。これは主治医の先生が、ありのままの症状を受け止めたからうまくいった例だと思いますが、ありのままを受け入れれば周りともうまく付き合っていけるのだという人間哲学があったからではないかと思います。

池田：非常に素晴らしい例ですね。私も年齢を重ねるにつれ、そういった哲学の部分の色合いが濃くなってきています。具体的に言うと、週一回単科の精神科病院のデイケアで非常勤をしているのですが、四〇代くらいまでは患者さんは当事者の方なんだという意識が強かったのですが、最近はこちらも社会で定年を迎える年齢なので、白衣を着ているか着ていないかの違いだけで、同じデイケアに通っているから何ら変わりはないんじゃないかと思うようになってきました。今おっしゃったような「変わった友達」という考え方と同様に、その存在は逆に言えば他の人にはいないし、あなたには大変なことかもしれないけど時にはアドバンテージになるし、あなたらしさとして捉えていいんだよと伝えることが多くなってきました。

心理職が培うべき人間哲学

池田：ここでデイケアという場所についても考えないといけないのですが、社会が成果主義になってから弱い人を振り落とそうという力が強くなっているので、うつ病の方のリワークプログラムの場なども、どうにかして元の職場に戻すための「専門学校」みたいな様相を呈していて、非常に余裕がありません。デイケアやリワークといった場所が、いったいどの程度その人らしさを尊重しているのかというと、疑問に感じる部分があります。人によっては、例えばひきこもりの状態からそこに来るだけで、もうそれでゴールでいいんだよと認めてあげられるような、多様性を受け止める場所であってほしいんです。それは、私自身があまり社会復帰させようということを考えなくなったことも関係しているかもしれませんけれども。発達障がいの方を例に出すと、「こだわり」が問題となることがあります。うちの子は「こだわり」が強いから発達障がいですと断言する親にしばしばお会いしますが、本人よりご家族の方が病気だと「こだわって」お子さんを病気にしてしまう。ありとあらゆる情報を収集して、その情報にこだわるのですね。

実は誰にでもこだわりはあって、強迫や習慣とこだわりはどう違いがあるかというと専門家でも説明は難しい。違いはないのだけれども、困り果てるケースがあります。結局はお子さんの成長に期待するしかなくなります。

三田：私の場合も妙な習慣があって、仕事をするときはパソコンを開いてまずゲームをするんです。しないで書き始めるとどうも調子が悪い。だから、仕事をする新しいパソコンにはそのゲームをインストールしてから仕事を始める（笑）。こういう「こだわり」というのは誰にでもあると思うんです。

精神科にかかっている方に限らないと思いますが、「眠れない」と言う人がいますよね。でも、その人はちゃんと寝てると思うんですよ（笑）。どうしてこんなことを言うかというと、もしかすると眠っているのに眠れていないと思い込んでいて、それを睡眠薬で治療できるのかどうかはわかりませんが、もっと深い、精神的な理由があるのではないかという気がするんです。耳鳴りもそうで、誰もがある程度耳鳴りがしているけれども、気になって仕事ができなくなるとか。人間というのは弱いものだから、何かにこだわりだすと調子が悪い気がしてくる。

有名な話ですが、夏樹静子さんという作家が、あるとき腰痛で仕事ができなくなった。いろいろな椅子を買ったりしたけれども、激痛で仕事ができなくなってしまったそうなんです。それを心理療法の先生が治してしまったんです。この話は『腰痛放浪記――椅子がこわい』という本になっています。

つまり、腰が痛いということにこだわって仕事ができない、つまり仕事から逃げたいということがあるのかもしれません。実際に腰椎分離症とか医学的なものではないので、気持ちの問題だということを解き明かしていったら治ったという話なんです。

人間のある特異な心理、日常生活に支障を来すような強いこだわりから解放していくのは、薬ではなくて「レトリック」ですよね。それはこころの専門家の方はどういうふうに受け止められるかはわかりませんが、言葉のやりとりだけで治療する領域もあるのではないかと思うのですがいかがでしょうか？

池田：とても面白いお話ですね。睡眠に関して言うと「枕が変わると眠れない」という言葉もありますね。これは就眠儀式と呼びます。大人でも、プレッシャーのかかる場面で手のひらに人の字を書いて飲む動作をすると緊張がほぐれるといった、日常的に「おまじない」みたいなものがありますよね。それが、私たちの言葉で言えば、「自我親和的」というか、自分の中で儀式化されていて、それをやれば調子が出てくるという行動なんです。広く言えばスポーツ選手のルーティーンもそうでしょう。精神統一のためにプラスに作用するなら、特に問題がないことです。三田さんのゲームもその一種でしょう。

問題となるのは、儀式が度を越してしまうことです。たとえば、手を洗うというのもある種の儀式的な側面があるのだと思いますが、強迫性障害の患者さんで何十分も手を洗ったり、洋服を着るのにも順序が気になって何時間もかかるとか、そういう方がいらっしゃいます。この症状は薬である程度良くなることもあるのですが、万能ではありません。

ケースバイケースですが、先ほどお話があった、耳鳴りにこだわる人や、眠れているのに眠った気がしないといった人のように、極度のこだわりや、睡眠への執着に悩まれる方も少なくありません。こういう患者さんが入院してきたときに看護記録なんかを見ると、確かに実際は眠れていることがあるんです。自分で「不眠」という症状をつくり出してしまっている。耳鳴りも耳鼻科では器質性の原因が見つからないので、あちこちの病院を受診して最終的に「気のせいだ」とか「何でもない」とか言われて、傷ついてカウンセリングを受けるケースも少なくありません。では、心理面ではどういう対応をするかというと、私の場合は、まずこういう方には、「耳鳴りがするという自覚的な症状はありますが、耳鼻科や脳神経外科の先生が相手にしてくれないというのは、客観的にそういう症状がないからです。とはいえ、自覚症状と客観的な根拠のなさに差があるので、あなたはとてもつらい思いをしていますよね」というふうに肯定的に伝えます。ここが治療の第一歩です。

これは非定型うつ病（新型うつ病）の方にも言えることです。仕事中にしかうつ状態にならず、土日の休みは元気になるので、新型うつ病の方は怪しげな奴だとレッテルを貼られてしまうことがあるので、「あなた周りから誤解されて大変ですね、でも、確かにこういうジャンルの病気はあるんです。あなたのつらさは、あちらこちらからレッテルを貼られることですよね」、と声をかけるところから関係性をつくることが多いです。その人の反応の良さにもよりますが、治療には大体かなり時間がかかります。しかし「関係性をつくる」ことが、治療の第一歩でもあり、非常に重要です。

次の段階は、耳鳴りや不眠というのは間違いなくあるんだろうけれども、どういう場面だとそれほど意識しなくなるのか、あるいは気にならないときのパターンというのはあるのか、ということを聴き取ります。この方法は、広く言えば認知療法や行動療法といったところと重なるのだと思います。実際にこうしてカウンセリングをしていくと、症状のことばかり考えてとらわれているのは良くないと気がついてくれる人が多いです。うまくいってくると、適度に忙しい時間を増やしましょうと提案してみると、耳鳴りが気にならずスポーツができて楽しかったといったエピソードが聞かれるようになり、症状自体のこだわりから離れていきます。

精神療法やカウンセリングの間に、もし耳鳴りのことばかり話しているようなら、治療は膠着していると言えます。したがって、できるだけそれ以外のほうに話をもっていけるようにして、治療を進めていきます。手洗いの頻度がひどい人なら、もっとひどい人がいるというふうに比較したり、注意を別のほうに向けていきます。

少し目先を変えてあげるという方法は確かに有効です。ただ注意しないといけないのは、症状転移（シンドローム・シフト）といって、単に耳鳴りや不眠でも、症状が良くなりましたと言った後に精神症状が現れてきて自殺念慮を訴えるということがあって、実はそちらのほうがメインで、そこから逃れるために症状が出ていたということがあるんです。症状がなくなったと喜んでいたら、患者さんは死にたいと言って慌てて入院させたりとか、レアケースではないので注意が必要ですね。

三田：お話を聞きながら精神科医や心理職の人の人間哲学について考えていました。そういう哲学を持っている人にしっかりと話を聴いてもらったら、それだけで良くなるんじゃないかなと思うんですね。そういう人が、しっかりと患者さんを診た上で大丈夫だと思って、「それは気のせいですよ」と言われたら、もうそれで終わってしまいますよね。

耳鳴りとかと似たような話題ですが、スポーツ選手で「イップス」という症状がありますよね。あるいは、役者さんがステージに立つのが怖くなる。普通の人でも、人がたくさんいる場所に行けなくなる。私のゼミ生にもいましたが、研究室においでと言って呼ぶと、一対一ではふつうに話せるんですが、十七、八人の教室には入れない。要するに、複数の人と会うのが怖い。別の人では、教室には来られるけれど、指名されて発言を求められるとどうにも緊張してしまう。赤面症なんていうのも昔はよく言われましたよね。こういう症状に類するものに、吃音や緘黙などもありますが、イップスも含めて、これは「病気」なんでしょうか？　あるいは、心理的な抑圧によってそういう症状が現れているのか。全部気のせいなのか、それとも根本的な治療が必要なことなのでしょうか？

池田：最初に、話を聴いて共感してくれる人の存在というお話がありましたが、これは本当に大切ですよね。一方では、精神医学や心理学がある程度『科学らしさ」をまとうために頻繁に枕詞として使われる、「エビデンス」という言葉があります。要するに、客観的な根拠に基づいて説明ができなければならないということです。医学全般で言えばこれは大事な考え方で、例えば手術が必要な病気かどうかまったく見解が一致しない状況で手術をしてしまうと大変なことになりますから。しかしながら、精神科領域では患者さんから語られる主観的な体験から症状を読み解くので、検査をして客観的なエビデンスが見つからないから「その症状はありません」と断言すれば、かえって主観的な症状を悪化させかねない危険性があります。そういう場合には「あなたのせいではないですよ」といったように本人のつらさに寄り添うことがまず必要になります。

それから、イップスですとか、特定の場面でみられる症状の問題ですが、これもどのように考えればいいか難しいところですが、精神医学や心理学領域で扱うところは大きいです。ただ、イップスの場合は、重症になるとかなりハイレベルなパフォーマンスをしていた人でも、ここぞという場面で失敗してしまうことがあります。少し専門的な話になりますが、イップスは精神科領域だけではリーチが足りなくて、神経内科におけるジストニアという不随意運動と関係があるのではないかという研究があります。したがって、精神科的なアプローチだけでは改善するものではないと思います。

たくさん人がいる場所に行けなくなるなどといった、一般的な生活場面での症状の場合は、少しずつ閾値を下げて慣らすなどのことで改善がみられることがあります。例えば、ストレスフルな仕事をされていて長距離の電車通勤をしている方が、あるとき電車事故か何かで電車が停車したのをきっかけに、それ以降電車に乗れなくなったということは結構よくあります。うつ病を合併していたり、中にはパニック障害に近い人もいます。こういう場合の治療法の例として、特急列車がつらいなら各駅停車に乗ってはどうかとか、一人で乗るのが難しいなら誰かと一緒に乗るとか、ハードルを下げるような提案をします。あるいは、ベースにうつ状態があって、コップの中の水のように、うつ状態の水かさが増してきてあふれ出した症状が、抑うつ感ではなくてパニック的な症状や吃音だったりすることはよくあります。したがって、原疾患があるかどうかをまず見立てることが大切になります。

前に民族的な特性の話が出ましたが、日本人は非常に真面目なので、治療をしているうちに「そこまで前向きでいいの?」というか、よく頑張るなぁという感じの人が結構多いですね。いったんはつらい状況に陥っているんだけれども、やっぱりうつ病になったり、かなりの通勤時間の中でも毎日出勤してきた人なので、ちょっと風向きを変えると喜んでそういうチャレンジをしてくれます。元の段階に戻らないまでもかなりの程度まで回復をする人が多いですね。ある方は、障害年金の申請をお勧めして一割負担で診療していたのですが、今はご自分から三割負担にしていて、そこまでやらなくてもいいよとは思うんですが（笑）、やはり本人の中では一割を三割にすることが生きがいなんだと言ってくれる、そういう人もいます。

三田さんがおっしゃったようなイップスになる選手も、それなりに一流の人なら、ぬかるみにはまるのも大変なんだろうけれども、一つコツをつかめばそこから出るというのもうまくいくと思うんです。しかし、先天的に苦手さがある人をトレーニングするというのは、なかなか難しいでしょうね。

少し話題を変えて、ハラスメントについても触れたいと思います。これはデリケートな問題ですが、我々の世代は言葉ももっと暴力的だったという印象があります。学校やスポーツなどでも体罰も日常的という側面はありました。逆に最近は、何でもハラスメントとされて言葉が使いにくくなったという側面はあると思います。一方でSNS上では暴力的な言葉が匿名で飛び交っています。

あまりに過剰に「パワハラだ」と言われると、逆に教える側も委縮してしまいますよね。それこそ、三田さんがおっしゃるようなかつての地域社会には、お節介おばさんやらおじさんやら、頑固おじいちゃんがいて、ハラスメント的なことを言ったりやったり、平気でするわけですよね（笑）。ただ、そういうものの中にも必要な関わりはあったし、そんな振る舞いを受け入れる懐の広い文化があった。いけないことはいけないというのを、そこで教わってきたのだと思うんです。学校の先生たちも、そういう地域社会がなくなって自分たちだけでなんとかしないといけない時代になった結果、昔なら言えたようなことが言い方に気を付けないといけなかったりして、そこに神経を磨り減らして、余計に教育現場の風通しが悪くなっているという気がしますよね。

三田：あらゆる場所に「遊び」がなくなってきていますよね。車のハンドルの「遊び」というか、人間関係にもそういうのは必要だと思うんですが、コンピュータの出現で、私たちの反応もデジタルになってきています。とくに、ゲームに囲まれて育った世代は、すぐに反応がなかったりタイムラグがあることにあまり慣れていない。他人というのは思い通りに反応しませんからね。「しばらくこのままにしておこう」という発想がデジタルにはありませんから、すぐに良くなったり何かしらの対応を求めたりするのではないでしょうか。この現象は良いことなのか悪いことなのかはわかりません。かつて村社会に馴染まなければ生きていけなかったというのは古い慣習であって、人間はもっとデジタルに反応して成果を残していったほうが良いという考え方もあるのでしょう。

しかしながら、医師や心理職もやっぱりデジタルの機械ではありませんから、人間哲学とか人間性みたいなものに患者さんが感応すれば良くなっていくのだと思うのですが、若い人にはそうも言っていられない事情もあるように思います。

池田：精神科領域の情報もインターネットでなんでもわかってしまうので、中には我々が知らないような情報を持って来て「この薬はどうでしょうか」と言われることがあります。でも、そういうお話も含めて聴いてあげて、人間哲学というところまで辿り着くかどうかはわかりませんが、少なくとも人間性がフィットさせられるかどうかが、私たちの仕事には重要なんだと思いますね。そういうところを汲み取ってくれた人——我々の間ではラポールという言い方をしますが——信頼関係みたいなものが成立すれば、「良くなっても、まあ六割から七、八割でいいですよ」とか、「場合によっては一〇〇％治ることも危険なんです」とか、こういう話に納得してくれたらいいと思うんです。完全に納得してもらうことは難しいですし、もし私と気が合わなくても別のところで良くなればいいです。もっと言えば精神科治療とは全然関係ないところで良くなってくれたらそれでいいんです。

高齢社会を健やかに生きる

池田：三田さんに一つお聞きしたいのは江戸時代から早いうちに隠居して遊芸を愉しむという第二の人生のモデルがあったというお話がありました。

二〇二一（令和三）年の四月一日から高年齢者就業確保措置に関する法律（高年齢者等の雇用の安定等に関する法律）というのが施行されて、政策的にも高齢者の方に働いてもらおうという動きがみられます。ここでは、六五歳以上、七〇歳以上、七五歳以上の労働者の比率がどんどん高くなっています。アメリカ・ドイツ・フランス・日本との比較データがありますが、他国と比べても、日本の五五歳以上の就業率が突出しています。つまり、高齢者が働かざるを得ない状況になっているということですが、これは年金の受給年齢が上がっているためそうなっているのか、あるいは「働く」ということの意味が変わってきているのでしょうか？

三田：現在の高齢者に限って言えば、仕事以外の生きがいを見つけにくい世代だと思います。明治時代くらいまでは趣味を楽しむ人が割といたんです。男性でも日本舞踊をしたり。今、日本舞踊をするのはほとんど女性ですよね。それだけ、近代化の目標を達成するために男性は労働力であるという価値観のもとに、とにかく働いてきた人たちの最後の世代が高齢者になっています。だから、何か楽しみを見つけてと言われても急には見つからなくて、それよりはなんでもいいから仕事をしているほうが嬉しい。なんでもいいんです、トイレ掃除でも、ゴミ拾いでも、社会に役立つことができれば生きがいを見出だせる、という人が一定数いるのでしょう。働くことで社会とつながっているので、趣味を見つけなさいと言いづらいところもありますよね。

政治家のほうは、高齢者を働かせて経済を回そうというように姑息なことを考えているのかもしれませんが。そうではなくて、みんながリタイアしたときに豊かな生活を送れるような社会にしなければなりません。逆に言えば、若い人たちは週休三日にして趣味の時間を持てるようにして、その分を高齢者が週に二日働くというふうにして、仕事をシェアできればいいんです。ただ若い人を目いっぱい働かせてなお老人まで働かせようというのは、政治の貧困ではないかと思います。

今は若い人の働き方も、昔みたいに偉くなるとか、収入が増えるという人が減っていると思うんです。自分らしい働き方というのを優先して、それほど収入は望まない。ある意味これは、ぜいたくな働き方ですよね。その姿と、生活にはそれほど困っていないけれども、なんとなく社会とつながるために、身体に無理がかからない程度に働くというのは、似ている気がするんです。労働観に地殻変動が起きているのではないかと思います。

そういう意味では、週休三日になると、必ずしも趣味だけではなくて、ボランティア活動をする人もいるかもしれませんしね。収入のある仕事を四日して、残りの三日は収入のない仕事をするという人がいてもいいと思うんです。小説を書くなんてまさしくそういうことですよね。昔のように会社に入って働くことだけが収入を得る手段でもないですし、年功序列も崩壊しているので、出世することを人生の目標にする考えもなくなっていくでしょうしね。

池田：医者という世界でもライフワークバランスの考えで働いている人もいます。地位も名誉もいらないし、収入の糧があればいい。命を救うためには自分の生活は犠牲にしてもよいという人は少なくなっている気がします。

私が認知症の臨床現場で感じるのは、年を重ねてある程度楽観的に、行く先行く先楽しくて仕方ないんですという考え方の人は、その場その場で結構楽しくやっていて、認知機能の低下があってもコミュニケーション能力が落ちないので、なんかいい感じなんですよね。完璧主義で記憶力テストが満点で、認知機能になんの問題もない方であっても、なんだかいつもつらそうな人はいます。こういうことを考えると、健康寿命が延びている時代なので、明るく楽しくいられるというのは必要な能力なのかもしれません。それと、何か趣味があると、外の社会に開かれていきますから、リタイア後に家に居座って、配偶者に上司風を吹き回して辟易させるよりもいいですからね。私自身も高齢者の方と触れ合いながら、老人としての生き方を模索しているようなところがあります。また学生に医学や心理学を教えるという場があるので、若い方と刺激をシェアできているので幸せです。リタイア後もそういうボランティアができないかなと計画しています。

では、豊かな熟年期を過ごすには何が大切なのか、三田さんからお話しいただけますでしょうか。

三田：今、コロナという疫病が流行してしまっているので、なかなか対面コミュニケーションが難しい時代になってしまいました。月に一回でも人と会って話をする機会をもって、できればいくつかのグループで人間関係を持てるといいんですけれども。もちろんそのグループが趣味ならいいですし、かつての仕事仲間でグループをつくってもいいでしょう。家庭以外のチャンネルがなくなってしまうと、うつになる危険がありますから。

池田：顔を合わせられる関係に加えて、オンライン文化が日常になってきたので、今までだったらなかなか会えなかった人とやりとりするチャンスも増えてきましたよね。

三田：飲み会もオンラインでやってますからね。

池田：あれは、お酒の香りとかが感じられなくて、あまり臨場感がない気がしますが、どうなんでしょうか？　慣れるものなんですか？

三田：慣れませんね（笑）。対面だと、一人だけピッチが速い人がいてもう呂律が回らないとか、相手の様子がわかりますけれども、オンラインだとそういうのがわからない。それに終電の縛りもないので、家にお酒がある限り延々と続いてしまいます（笑）。対面には対面の良さがありますから、実際はすべてをオンラインのやりとりにするのは難しいと思います。

池田：なるほど、先ほど治療者の人間哲学を感じるというお話がありましたが、これも実際に会って話して、体感を伝えなければ、感じられないものですからね。

三田：でも、お医者さんの人間性とか人間哲学とか、そういうのはどうやって教育するものなんでしょうか？　学校で養うのは難しい？

池田：そうですね。教育と言うには幅が広いかもしれませんが、三田さんがおっしゃったような雑談をするというのは、結構大切だと思います。それから、理論が腑に落ちてくるという話もしましたが、先輩の先生からそういった哲学を取り入れるのは、本当にふとしたときなんです。偉い先生のセミナーを聴きにいって、講義の最後のほうにぽつりと「でも、やっぱり患者さんとのつながりは、最後は情なんだよね」と言ったりするのを妙に覚えていたりします。これは別の本にも書いたことですが、主任教授が診察を終えた後に「患者さんはありがたいなぁ」とボソッと言ったんです。当時研修医だった私は、まだとてもそんなことは思えないわけですが、それがこれぐらいの年齢になってくると、こちらからお茶とお菓子を出さないといけないと思うくらいの患者さんもいて、遠くからわざわざ週に一回通ってくる人もいるので、やっぱりありがたいなぁと。今になって初めて感じます。

そういう一言というのは、言った先生たちは覚えていないと思うんです。患者さんとの関係でもそうで、こちらが覚えていないような一言を、いつまでも大切に覚えていたりしてくれて、ここでつながっているということは結構ある気がします。

「話を聴く」ことの大切さ

池田：ところで三田さんは小説家として、ご自身の考えや知識を本に書いて表現されていますが、これはなかなか勇気の要ることだと思うんです。お名前を出されながら相当プライベートなことも開示されておられますから、今の時代は匿名が表現の前提になってしまっています。匿名ではないにしても、役割や立場を強調することで身を守って、「課長として言わせてもらいますけれども」「教師の立場から申し上げますが」「精神科医から見ると標準的には……」みたいな言い方が一般的になっています。このコミュニケーションの傾向にも、カウンセリングの基本となるような前提で話をすることが難しい現状が、背景にあるのではないかと思うんです。

カウンセラーではなくても、うまく距離を保ちながらコミュニケーションを深めることが難しくなっていると感じました。三田さんは私小説で自己開示されていますが、このあたりはいかがでしょうか。

三田：私はカウンセリングに関しては部外者で、専門的に何をすればいいかお伝えすることは難しいですが、大学では学生の相談に応じてきましたので、その体験からお話しすると、やはり大切なことは教員と学生が同じ目線になるということでした。何かしらの問題を抱えている学生は、何か求めることがあるので相談に来ます。なぜ、それを求めているのかを聴き取ることが大事です。何か求めているということを、こちらも受け取ってあげて、少し整理してあげたりする。ここが出発点になるかと思います。迷っている学生は、気持ちの整理がついていないまま、何かわからないけれど不満を感じている状態で相談に来ることもあります。こちらから「何をしてほしい？」と訊いても自分では具体的にわからないこともありますから、「たとえばこうしてあげたらいい？」と、いくつかの例を示しながら、どの選択なら一番ハッピーになるのか、じっくり話を聴いていく。そうすると、自分が何を求めているのかが、だんだんと明らかになっていきます。相談に来る人たちは、何が悩みかがはっきりしていない人の方が多いのではないかと思うので、話を聴いて整理をしていくうちに、できること・できないことが明確になってくると、納得していきます。

このように整理しながら話を聴いていくと、実は具体的な悩みはなくて、漠然とした不満があるということがはっきりしてくることもあります。これは解決の方法がありませんが、自分は不満を抱えているということがわかり、それを教員に伝えられた、話を聴いてもらえたというだけでも、満足していく人もいました。

問題を明らかにして解決策を伝えるよりも、話を聴いて一緒に考えていく。これだけでほとんどの相談はうまくいくのではないかと思います。それでも解決できない場合は、こころの専門領域での対応が必要になるのかもしれません。

「話を聴く」という仕事にも、ある種のパフォーマンスが含まれると思います。相手に確かに聴いているというメッセージを伝えるために、うなずいたり、メモを取ったり、確認をしたり、そういった対話の表面的な部分を身に付けるところから始めてもいいかもしれません。

一口に話を聴くといっても、なかなか一から十を教えることは難しいですよね。経験を積むのが一番なのかもしれませんが……。

池田：「話を聴くことが大事」というのは本当におっしゃるとおりですね。現代では相手を受け止めるという場に立つことに心理的抵抗がある人が増えています。たとえば、今はふつうに「その話ならメールにしてくれ」とか「会うよりも電話のほうが……」ということが言われます。その感覚は、カウンセラーを目指す人であっても同じです。相手を受け止める場に立つのが怖い、面倒だ、煩雑だ、どうなるかわからない、自分ではコントロールできない、そういう方が多いと思います。今でも私はよく聞かれるんです、「先生は精神科医をしていて、こころを病みませんか」と。ここには、人の内面に立ち入るのは厄介なことだという世間の共通認識がありますが、私自身はとても良い仕事だなと思ってやっています。ただしそれは、「話を聴く」ということを通過して、日常の仕事として務めることができるからなんです。

三田さんは学部長としても学生に接されていましたが、そのお立場で学生の方に胸襟を開くのは、ある意味で勇気の要ることではないかと思うのですが、そういう自己開示の場に初めからどんどん入っていけたのか、あるいは慣れるまで時間がかかったのか、興味があるところです。

三田：私も学生の頃までは書斎にこもっていることが多く人と会うのは面倒だと思っていました。でも、社会に出ると、いろいろな交渉の場面があったり、相手がどういうふうに対応するのか予想がつかないことがあります。わからないから怖いという感覚は、初めてだとどうしてもそうなってしまいますよね。

ここでちょっと見方を変えてみて、知らない土地を旅行するとか、遊園地に来てみたと考えてみたらどうでしょうか。人間は初めての経験をしたり、ある種のスリルで身体を揺さぶられたりすることを愉しむ動物です。この愉しみがなければ、生きている実感もあまりない。そこに人と話すということも含まれるのだと思います。どういう反応が返ってくるのかはわかりませんが、実際にやってみて、どこに連れて行かれるのだろうということに好奇心を持ってみるのがいいのではないでしょうか。

あるいはどうなんでしょうか、絶対に難しいという方は、ご自分もカウンセリングを受ける体験をしてみるという方法もあるんでしょうか……。まず体験してみて楽しめるところがあるかどうかを感じてみる、そのぐらいのところから始めてもいいのではないかと思うのですが、いかがでしょうか。

オンライン時代のコミュニケーションについて

池田：ありがとうございます。専門のカウンセラーになるためには「教育分析」といって自身がカウンセリングを受けることもあります。

さて、オンラインでのやりとりが一般的になってきた今、電話でのやりとりが苦手だという話を日常的に聞くことがあります。とくに、長い文章を読んだり、人の話に共感して聴くということが苦手だということが広く起きているようです。私が大学生と接していても感じます。三田さんはそのあたりはどう感じていますか？

三田：今、文部科学省では主体的学習の一環として、自分で調べたことを発表したり、ディベートで意見の交換をするといった、発信する活動を重視していて、中学校までは改革が進んでいるようです。私の教え子が教育実習で国語の授業をしたときに見学しましたが、先生からテーマを出すと六人くらいでグループをつくって話し合いが始まりました。それから班ごとに発表をしています。

ところが、高校になると受験勉強で詰め込み教育になってしまい、発表が苦手な子は練習の機会がなくなってしまう。大体の子どもたちは、小中学校までは明るく楽しく会話をしているように感じますが、高校生になるとひきこもる子はどんどんひきこもってしまう。大学でも、グループ活動を取り入れられるようになっていますが、それだけ面と向かって話をする体験の機会が減っているということですから、人間関係をつくるのも難しくなっているのだと思います。

インターネットで文字情報のやりとりが発展すると、それだけで日常的な用は済んでしまいます。ただ、人と対面することを仕事にする学生を育てるには、それでは先に進めないので、プログラムを工夫するしかないのでしょうかね……。

池田：いろいろな企業の方のお話を伺うと、ほとんどの業種でオンラインツールによる社内会議が整備されているそうですが、ここで顔を出すか出さないかが大きな問題になります。顔を出さないと、緊張感や不安感、面倒くさいなぁと感じているときの表情が全部消されてしまうので、参加者は楽なんです。ところが、司会者はとても大変なんです。誰がどんな顔をしているのかわからないし、興味があるのかないのかもわからない。そもそも、大勢で会って会議をしなければならない必然性が問われています。コロナ禍を経て浮き彫りになってきたトレンドで、よりコミュニケーションの負荷が軽い方法が好まれる状況になっています。電話よりもまずメールという世の中になってきましたが、メールでも一応、「お世話になっております」で始めて「今後ともよろしくお願いいたします」で締めるという定型があります。チャットでやりとりをするとそういう挨拶すら省くことができます。こういう、軽いコミュニケーションのほうにどんどん流れていっています。

この現象は、コミュニケーションの衰退の兆候だと思うんです。これはとくに、新入社員の教育場面で大きな不利益があると言われています。というのは、相手の話を「温度感」をもって聴けるかどうかが、コミュニケーションの質を左右するからです。チャットで社内のやりとりをすると、先輩からのメッセージでもどんな表情で発信しているかわかりません。このあたりは、心理職を目指す方にも関係する、現代的な問題だと感じています。

つまり、コミュニケーションが簡略化されたツールではほとんど自己開示がされないとなると、三田さんがおっしゃった「未知との遭遇」のような体験がほとんどできない、一種の「ひきこもり」のような形になってしまって、簡単に言えば企業で働くための力がついていかないのではないかという懸念が出てきますよね。

実際に新入社員にとっては非常にディスアドバンテージで、適応障害と診断される方も増えています。それと、中途入社の人でスキルがあっても、社内の状況がわからないので、人間関係の中で仕事をすることが難しくなります。たとえば、社長室長とか、権限のある人のすぐ下で働く場合、指示が来ても、上司の「温度感」がわからないので、何から手をつけていいかわからない。それから、権限のある人だと感情を伴って指示を伝えてくることも多く、全部責められているように感じたりしてしまうこともありがちです。

逆に、自分の仕事に習熟した、悪く言えば仕事が属人化したような部署では、外部からの干渉が文字になってくるので楽なんです。わざわざ足を運んできて頭を下げられたり、電話で熱心に説得されたら断れないような仕事が、メールやチャットで連絡が来るので、「その件は○○さんに聞いてください」という一言で流せてしまいます。あるいは直接の仕事ではないですが飲み会みたいなイベントです。これが面倒くさいと思っていたビジネスライクな働き方を好む方にとっては、データ化されたやりとりだと断りやすいわけです。参加ボタンを押さなければいいだけなので。こういった状況に適応している方と、適応していない方が、はっきりとわかれてきています。

臨床経験がない人にとっては、こういう時代のコミュニケーション状況を踏まえつつ、カウンセリングの場に出て話を聴き、そのハードルを越えるというのは、大きなテーマですね。心理臨床や精神科の現場でも、極端な場合はまったく答えを求めていない患者さんもいて、こちらからサジェスチョンを提示することが逆効果になる場合もあります。これは、夫婦の会話によくみられることですよね。何かアドバイスが欲しいのではなくてただ聴いてほしい、あるいはなんとなく答えは見つかっていてそれをはっきりさせるための整理をしたいということもあります。

ここで問題になるのは、初学者の方の場合、クライエントの問題を明らかにしてそこに誠実に応えていかなければならないという意識に、どう取り込まれすぎないようにするかということです。その問題意識を持つこと自体はいいんですが、その前に大切なのは、一人の人間として「話を聴く」ことです。このプロセスで相談者の悩みがある程度整理されるというのは、臨床の場面でもよくあります。

したがって、初学者の方に伝えたいのは、カウンセリングの中でその人の問題すべてに応えようとしなくていいんだということです。たとえば、心気症の方の場合、その方が訴える症状の一つひとつを解決することは現実的には難しい。でも、カウンセラーの前に現れるまで、その患者さんの話にしっかりと耳を傾けてくれた人さえ、いなかったかもしれないんです。だから、まず聴いてあげることに、とても重要な意味があるんです。

私自身の経験からお話しすると、精神医学や心理学の理論書をひもとくのは、話を聴く過程で困った段階でも間に合います。まず臨床の場での出来事を味わい、それを理論に結び付ける。この繰り返しが実践を積むということなのだと思います。初めはクライエントとの出会いはまさしく「未知との遭遇」ですし、中には「死にたい」と訴える方もいます。結局こういう場面でも最終的に役に立つのは、友達や家族といった身近な人たちとの間でのこころの開き方や、対人関係のつくり方で、患者さんとの関係もそれと似たようなところに落ち着いていきます。そして、対人関係で経験したことに自信がなくても、クライエントとの間で揉まれていけばいいのだと思います。私は恩師から「病理の重い患者さんにあまり振り回されるな」と注意を受けたこともあります。けれども、治療関係はプライベートな友人関係とは違うので、あまりウマが合わなければ付き合いを止めるということができません。それならむしろ、一回くらいかなり巻き込まれて「痛い目」に遭う経験をすると、後になって役に立つことがあります。

それから何より、患者さんが教えてくれることというのは、とても大きいものがあります。たとえば、ずっとセッションを続けていて無機質な会話が多いなぁと気が付くことがあります。症状でつらいこと、どうしたらよくなるのかということ、患者さんがそればかりを話すという場合です。こういう患者さんから後になって、「ここでは症状のこと以外話してはいけないのだと思っていました」と言われたことがあります。それから雑談をするようになるうちに、だんだんと展開が変わり、関係も変わっていったということがありました。こうした経験は、患者さんとの間でしか学べないことです。

私も若い頃は患者さんの要求に過剰に答えようとしたり、巻き込まれないようにして距離を取りすぎたりという失敗がありました。最初に受け持った患者さんというのは小学生で、会話をすることが難しい方でしたが、なんとかやりとりをしようとして、その子が好きな教科の参考書を自分も読んだりしました。ここまでできる情熱は、若いうちにしかありません。その患者さんのことで頭がいっぱいになって、どうにか関係をつくろうとする。試行錯誤をしながら患者さんとの距離感を覚えていく。それが初めのうちは大切なことなんだと思います。

少し話が戻りますが、三田さんから初めての体験は楽しい、人と話をすることも愉しみの一つだというお話をいただきました。それから、話すこと自体が苦手な人は、カウンセリングという経験を自分がすることで学べることがあるのではないかというご質問をいただきました。この点は、深く検討する価値があることだと思うんです。

カウンセリングを受けたいと思う人は、実は話したいことが山ほどあるんです。でも、話す場がない、あるいは話す勇気を持てない人が多いんです。そこに葛藤があります。同様に、カウンセラーを目指す人にもその葛藤があるからこそ、わかる人が多いんです。「人と話すのが純粋に楽しい」という人は、政治家や教師、営業職といった、ふつうにコミュニケーションをとって社会に貢献する職業にすんなりと就くことができると思います。一方で、カウンセラーを仕事に選ぶ人がなぜいるのかというと、そういう人たちは葛藤のある世界に親和性というか、感受性があるからかもしれません。

ですから、カウンセラーを志望する人の中にも、本当は会話を純粋に楽しみたいけれども、その一歩が踏み出せないという微妙な状態の方がおられるのではないか、と。

逆に考えると、人と話すことは楽しい、会話のプロ、説明のプロ、傾聴のプロ、共感のプロみたいな方は、カウンセラーに向かないのではないかと思うんです。「話せばわかるのに」「どうして話してくれないの」で終わってしまうからです。話せない理由とか、お互いが理解し合えない不満足感にも意味があるよね、という感覚をもてる人ではないと、「優しいカウンセリング」はできないと思うんです。もっと言えば、カウンセラーを目指す方は、本当は話したいことはあるんだけれども話す勇気がない方に対して、自分にだったら本音を打ち明けてくれるんじゃないかという願望を持っている方が多いんです。

三田：すると性質としては似たものを持つ人同士が向き合うことになるわけですね。ふつうの会話ですと、まず誠実に話を聴くという前提はありますが、何か糸口になるような共通の話題を用意しておきますよね。クライエントと話すときは、池田さんはどのような糸口を用意されるのですか？

池田：私の場合は決まった糸口はないのですが、たぶん割と大切なことは、一番最初に「ここまで来るのは相当大変だったでしょう」といった言い方で相手の緊張をほぐすとか、簡単な自己紹介をしたりとか……。患者さんたちは、診察室に来る前に、問診票を書かされたり、検査を受けさせられたりして嫌気が差していることもあります。そこで「つまらない検査もあったでしょう」と言ってねぎらうといった、一見当たり前に見えるような言葉がけが大切なんだと思います。自分が患者になってみて他の病院にかかってみると、意外とそういうことをする先生って少ないんです。それで自分ではそうするようになりました。

「適度な自己開示」とは

それから、もう少し場面が進んでからですが、適度な自己開示という方法ですね。かつては精神科領域では、基本的には自己開示をしてはいけないと言われていました。私も先生方からそう教わったので、以前は慎重に話していました。なぜかと言うと、精神科医や心理士が自分のことを話す、たとえば結婚しているとか子どもがいるというようなことを話すのが、治療的なネックになる場合があるからです。ところが、偉い先生の陪席、つまり先生の治療場面に同席して見学をさせてもらったときに、結構平気で自己開示をしている人も多かったんです。私も年を重ねて、だんだんそのスタイルに近づいてきた感じがします。ただこれは、経験を積んでどの程度まで開示して差し支えないのかということがわかってからではないと難しいことです。

では、自己開示が治療に対してどのように結びつくのか、少し私の例でお話ししてみたいと思います。夫の悪口を延々と言う女性の患者さんを診察していて、ときどき辟易としてくることがあります。だんだん聞き飽きてきたなと感じるときに、夫と自分の共通点が見出されることがあります。そこで、「僕も夫としては、妻からしたらその程度の評価になるかもしれないね」と返したり、もっと関係が進むと「あなたは結構面倒見がいい妻だから、それはすごく良いところなんだけれども、逆に言うとご主人が、私みたいなずぼらな人だと、自立度を下げてしまうかもしれないね」と言ってみる。患者さんは夫の悪口に共感してほしいんだけれども、ここで私は直接には共感していません。自分を下げるような自己開示をして局面を「ずらす」ということをするようになってきました。

自己開示を治療的に使うにはある程度の経験が必要ですが、カウンセリングの場で治療以外の話をしてもいいのだということは覚えておいていいかもしれません。ただ、患者さんをねぎらうことは、これから始まるカウンセリングでも患者さんにストレスがかかりますから、そのつらさを共有していると伝える意味でも大切なことだと思います。

ただ「誠実に対応しさえすればこころを開く」「お互いが配慮をすれば会話はうまくいく」というのは、現代では自明とは言い切れなくなっているのではと感じます。「誠意をもって」話したら、すべての患者さんが話してくれるかといったら、決してそうではありません。

学生さんとかクライエントさんにもよく言うのですが、カウンセリングというのはロールプレイなんです、と。〈役割感〉の中から出発します、と。いきなり本音から入ろうとするときついですよね。

たとえば、いきなり私がいらっしゃったクライエントさんに「今日はなんのご相談ですか？　どうされました？」と直球を投げても、だいたいの方は「……？」という感じになりますよね。クライエントさんからしたら、まず、ここはどこなのか説明してほしいでしょう。だから、「あえて『ここでは何を話してもいいですよ』という形で導入する」ことが、ほぐすことにつながるというのは、すごく経験しています。

　ロールプレイというのは、役割に徹するわけで、ピュアな自分のこころからは入りません。カウンセラーとして聴きます、クライエントとして話します。これはロールプレイですよね。それで、時間が来たら終わります、と。最低限のタスクだけを提示して、そこから双方が安心する中で徐々に本音のトークが膨らんでいくというのは、あまり無理のない方法論だと思っています。

三田：今、ロールプレイという言葉が出てきました。カウンセリングの場というのは役割が限定されていますが、それ以外の現実というのは、もっとスクランブルな状態で人と人とが出会っていて、相手がどういうロールかもわからないという怖さがあると思うんです。カウンセリングの場で一対一で向き合う限定された状況は、ある意味での安全地帯であるとは言えるかもしれません。クライエントは嫌なら通うのを止めることができます。まあカウンセラーのほうではクライエントを選べないかもしれませんが……。限られた役割をもって出会っているので、それを演じる愉しさを感じられないと職業にするのは難しいのではと思うのですが、いかがでしょうか。

池田：そういう側面はあると思います。三田さんがおっしゃったように、カウンセラーは患者を選べません。私の経験ですが、ある程度初めからストレートにお話ししないと危ない場合があります。具体的に言うと、今一番お困りのことはなんでしょうかと、ほぐしてから尋ねてみると、うつで自殺を考えていますということだと、これはお茶を濁すことはできないので、専門的な話をしなければなりません。ただ、一回目の精神療法やカウンセリングで治療の必要がないことがわかることもあります。継続して通院してもらう必要がある人だとわかったら、二回目に来てくれるかどうかは、実は一回目に「勝負」があることもありますし、二回目以降は、三回目、四回目と話が進めていけるかどうかというふうに展開していきます。もちろん、人間同士のつながりが深まることも大切ですが、それだけではカウンセリングにならないので、本人の問題が解決していく、あるいは解決していかないまでも最初に来たときの重荷が少しずつほぐれていくかどうかが大切です。

それから、個人差はあるかもしれませんが、カウンセリングのトレーニングを積んでいく中で、「このくらいのことなら最大公約数的に話しても大丈夫だろう」ということがわからない段階は、誰にでもあります。先ほど話した、妻からの夫についての訴えに私のことを引き付けて話すということにしても、この人にはそういう話し方をすれば通じるだろうと自分の中での一定の理解があるから話すわけです。実践の中で揉まれることがトレーニングになるのだと思います。

三田：先ほど話題が出た、カウンセリングをしている人のほうが病気になってしまうということについて気になりました。もともとクライエントに共感できる部分がある人がカウンセラーになることが多いということですが、カウンセリングをするうちに自分のほうの具合が悪くなるということはないのでしょうか？

池田：実は、今の三田さんのご質問は、私が精神科医として初学者の頃に思い悩んだテーマです。実際私の恩師に、公開の場で質問したことがありました。その先生のお答えにすごく感銘を受けて今でも忘れられないのですが、治療者の心が変化する場合には大別して二通りある、と。一つは患者さんに振り回されて文字通り自分のメンタルのバランスを崩すことで、これは確かにあると。もう一つは逆に、「ああ、そうなんだ。考えてみれば患者さんのこころの中にある病理というのは自分の中にもあるんだ」というふうに、治療者が内省を深めるチャンスになるというお話でした。

私自身の経験から言っても、両面あります。嘆息混じりに踏みとどまることもあれば、早めに嫌になってしまって薄情に距離を取ってしまうということもありました。いずれにしても、カウンセリングと言っても一人の患者さんでせいぜい週一回一時間ですから、その方はカウンセリング以外の時間のほうが生活に占める割合が多いわけです。だから、そこに関わってくれる他の職種と連携して、サポート体制を作ること、そしてカウンセラーもその多職種の一人であるという視点も必要かもしれません。

三田：お話をうかがっていると、「綱渡り」のような、とてもスリリングなお仕事に感じます。お医者さんになるときは、何科でも選べると思いますが、とくに精神科は、「わが身を切り刻む」ような大変さがある気がします。それでも、そういう仕事を選びたいという若者たちは多いのでしょうか？

池田：結構多いと思います。とくに心理職の希望者は多いです。それは、「表面的なプレゼンテーション」と言ってしまうと言葉は良くありませんが、こころの中に葛藤がなくて、自分の言いたいことを言ってしまえば、「こころのキャッチボール」ができなくても、それはそれでいいやという人では務まりません。どこかに葛藤を抱えていたり、もし他人にも葛藤があるのならそこをうまくサポートしてあげたいという気持ちを持っている人は、想像以上に多くいます。これだけ大変な世の中になっても、ボランティアをしたいとか、福祉の仕事に就きたいという人と同じように、志のある人たちだと思います。

三田：患者さんも増えているということですか？

池田：絶対数として決して減ってはいないと思います。ただ患者さんについては、定量的に増えている減っているということがある種の判断基準になりづらく、前の方でお話ししたこととつながりますが、時代や社会の変化によって見えない部分で病理が動いている、つまり定性的な面を見なければならないのだと思います。三田さんにお話しいただいた高度経済成長期には、一つのことを勤勉に務める力があれば、なんとか定年までは辿り着けました。しかし、これだけ多様性のある時代だと、ある程度個性が必要になるにもかかわらず誰と比べて個性を発揮すればいいのかわからないという混沌とした状況もあります。私が医師になりたての頃は、統合失調症の古典的な症状というのがまだ存在していましたが、一方で今の時代のように発達障がいがこれほどクローズアップされるようなことは想像もつきませんでした。うつ病も診断書を出すことに抵抗感がない人も出てきたり、高齢化社会で認知症も一般的になりました。つまり、病気の中身はともかくとして、こころの専門家にかかる人の数は、減ることなく一定数存在するのだと思います。

患者さんへのサポートの在り方も変わってきていて、必ずしも元居た場所に戻すのではなく、新しい適応の方法を一緒に模索したりすることが我々の役割になってきています。したがって、ニーズ自体も形を変えて存在しています。

しかしながら、時代にかかわらず治療者と患者の関わりは、やはり三田さんがおっしゃったような〈人間哲学〉を共有することが根幹にあるのではないでしょうか。少し古い考えなのかもしれませんが……。

カウンセリングの動向ですが、あらゆる分野に進出しているのが現状です。スクールカウンセラーはずいぶん前に配備されました[注2]。企業のカウンセラーもそうです。それから、災害現場にはすぐ心理職がケアに出かけます。あらゆる現場で心理職が活躍するようになりました。

心理職を目指す人に伝えたいのは、ふつうの友達付き合いが苦手な人でも、資格を取って訓練を受けて、一定の枠組みの中で誠意をもって対応すれば、十分仕事ができるのが精神医学・心理学の世界だということです。ここは初学者の方にぜひ強調したいところです。最後は「初学者」に期待するみたいな上から目線になってしまいましたが、口が動きさえすれば「生涯現役」で役に立つ仕事が心理職であり精神医学である、そう思います。三田さん最後にコメントがあればよろしくお願いします。

三田：私も、手と頭が動き続ける限りは作家という仕事ができるので、この仕事を選んでよかったと心から思っています。

注2：日本のスクールカウンセラー事業は旧文部省により一九九五（平成七）年に開始。

あとがき

池田健さんとは長くつきあっている。

実際に顔を合わせる機会はめったにないのだが、時々とてつもなく長いメールが届く。ぼくの著作に関して、あるいは世情や人生について、さまざまな質問を書いたメールだ。どうやら彼は、ぼくの著作のほとんどを読んでいるようで、ぼくがすっかり忘れてしまったプロットや表現や見解について、的確な質問が投げかけられるので、答えに窮してしまうこともある。

こういう読者はぼくにとっては貴重な存在で、ぼくはその質問にていねいに答えている。その質問と答えを合わせると何冊も本が出来るのではないかと思うほどだ。そういう膨大な量のメールのやりとりの果てに本書がある。

このような質疑を下地として、他の人々にも読んでいただけるテーマで何かを語ることができないか、というのが本書のコンセプトだ。

とりあえず精神科医の池田さんの専門領域について、ぼくの方から質問をして、この分野に興味をもっている読者のために、精神分析の歴史やいまの現状を語ってもらいたいと、ぼくは考えていたのだが、実際に編集の方を交えて対話をスタートさせると、池田さんがカウンセラーとなって、ぼくの過去のトラウマみたいなものを語っていく、というところから話が始まった。

確かに小説を書くというのは、孤独ないとなみであり、ひとりよがりで偏屈な資質をもっていないと耐えられない作業で、そんな仕事を何十年も続けてきたぼくは、よほど「へんな人」と見られているのかもしれない。

ぼくも高校時代には、「ひきこもり」を体験している。半世紀以上も前のことだから、当時はまだ「ひきこもり」という言葉も、「登校拒否」という言葉もなかった。自分の状況を説明するのに困惑したものだ。いまは逆に、そういう言葉や、「鬱病」や「発達障害」などといった概念が一般化しているので、何となくわかったような気分になってしまうのだが、人はなぜ他人とうまくつきあえないのかというのは、人間というものの根本に関わる重大問題だと思われる。

世代を超えた家族や親族に囲まれ、地域のコミュニティーなどがあった時代とは違って、いまは人が孤立しがちな時代だ。だからこそこの問題は、もっと議論され、深められていくべきではないだろうか。

本書をきっかけとして、このテーマがさらに充分に深められ、孤立している人々を社会全体で支え、励ましていけるような流れができないものかと期待している。

三田　誠広

著者略歴

三田 誠広（みた まさひろ）

作家。1948年生まれ。早稲田大学文学部卒業。1977年『僕って何』で第77回芥川賞受賞。

早稲田大学文学部客員教授を経て、武蔵野大学文学部教授。日本文藝家協会副理事長。

ホームページ：http://www.asahi-net.or.jp/~dp9m-mt/

主な著作：

1977年	小説『僕って何』河出書房新社（河出文庫）（角川文庫）、小説『赤ん坊の生まれない日』河出書房新社（河出文庫）
1978年	小説『Mの世界』河出書房新社
1979年	小説『龍をみたか』朝日新聞社（角川文庫）
1980年	小説『高校時代』角川文庫（河出文庫）、小説『やがて笛が鳴り、僕らの青春は終わる』角川書店（角川文庫）
1981年	小説『野辺送りの唄』文藝春秋、小説『エロイカ変奏曲』角川書店（角川文庫）
1982年	小説『空は終日曇らず』集英社（集英社文庫）
1983年	小説『日常』角川書店（改題『トマトケチャップの青春』集英社文庫）
1984年	小説『漂流記1972』河出書房新社（河出文庫）
1985年	小説『命』河出書房新社、小説『考えるウォークマン』角川書店
1988年	小説『デイドリーム・ビリーバー』トレヴィル、小説『愛の夢』中央公論社、随筆『パパは塾長さん』河出書房新社
1990年	小説『いちご同盟』河出書房新社（集英社文庫）（河出文庫）
1991年	小説『ペトロスの青い影』集英社（集英社文庫）、小説『チューブワーム幻想』廣済堂出版、小説『白い丘』中央公論社
1992年	小説『高田馬場ラブソング』実業之日本社（集英社文庫）、小説『地に火を放つ者／双児のトマスによる第五の福音』トレヴィル
1994年	随筆『吾輩はハスキーである』河出書房新社（河出文庫）、講義集『天気の好い日は小説を書こう』朝日ソノラマ（集英社文庫）、対談『息子の教育』（評論家西部邁氏との対談）プレジデント社
1995年	小説『春のソナタ』集英社（集英社文庫）、講義集『深くておいしい小説の書き方』朝日ソノラマ（集英社文庫）
1996年	講義集『書く前に読もう超明解文学史』朝日ソノラマ（集英社文庫）
1997年	評論『聖書の謎を解く』文春ネスコ（PHP文庫）
1998年	小説『恋する家族』読売新聞社、評論『般若心経の謎を解く』文春ネスコ（PHP文庫）
1999年	小説『天翔ける女帝／孝謙天皇』廣済堂出版（学研M文庫）、小説『炎の女帝／持統天皇』廣済堂出版（学研M文庫）、評論『アインシュタインの謎を解く』文春ネスコ（PHP文庫）
2000年	小説『碧玉の女帝／推古天皇』廣済堂出版（学研M文庫）、小説『清盛』集英社（PHP文芸文庫）、評論『星の王子さまの恋愛論』日経新聞社（集英社文庫）
2001年	小説『ウェスカの結婚式』河出書房新社
2002年	小説『夢将軍／頼朝』集英社（PHP文芸文庫）
2003年	小説『釈迦と維摩／小説維摩経』作品社、評論『わたしの十牛図』佼成出版社
2004年	小説『桓武天皇／平安の覇王』作品社、評論『団塊老人』新潮新書、評論『ユダの謎キリストの謎』祥伝社NONブックス（祥伝社文庫）
2005年	小説『空海』作品社
2006年	小説『永遠の放課後』集英社文庫、評論『父親が教えるツルカメ算』新潮新書、翻訳『星の王子さま』講談社青い鳥文庫
2007年	小説『日蓮』作品社
2008年	小説『西行／月に恋する』河出書房新社
2009年	児童文学『海の王子』講談社青い鳥文庫、評論『マルクスの逆襲』集英社新書、小説『新釈罪と罰／スヴィドリガイロフの死』作品社
2010年	小説『阿修羅の西行』河出書房新社、児童文学『青い目の王子』講談社、小説『新釈白痴／書かれざる物語』作品社
2011年	小説『道鏡／悪業は仏道の精華なり』河出書房新社、評論『実存と構造』集英社新書

2012年	小説『新釈悪霊／神の姿をした人』作品社
2013年	小説『菅原道真／見果てぬ夢』河出書房新社、評論『数式のない宇宙論』朝日新書
2014年	評論『釈迦とイエス／真理は一つ』集英社新書、小説『偉大な罪人の生涯／続カラマーゾフの兄弟』作品社
2015年	小説『聖徳太子／世間は虚仮にして』河出書房新社
2016年	小説『親鸞』作品社、評論『仏教で愉しく死の準備』双葉新書
2017年	小説『白村江の戦い／天智天皇の野望』河出書房新社、評論『こころにとどく歎異抄』武蔵野大学出版会
2018年	評論『源氏物語を反体制文学として読んでみる』集英社新書
2021年	小説『遠き春の日々／ぼくの高校時代』みやび出版、小説『尼将軍』作品社

池田 健（いけだ たけし）

精神科医。1959年生まれ。順天堂大学医学部卒業。池田クリニック院長。立教大学現代心理学部兼任講師、日本女子大学人間社会学部非常勤講師。NPO法人「医桜」副理事長、日本ペンクラブ正会員。

東海大学精神科助手、正史会大和《せいしかいやまと》病院医局長、同作業センター長、社会復帰施設「森の家」顧問医、丹沢病院副院長、同医療サービス相談部長、天本《あまもと》病院病棟長、認知症支援センター長、多摩市医師会認知症委員、社会福祉協議会権利擁護委員会委員等を経て、現職。池田クリニックの他首都圏の複数の病院に勤務。

元早稲田大学、北里大学、国際医療福祉大学、東海大学、帝京大学、大妻女子大学他非常勤講師。

主な専門分野：精神神経科学。臨床心理学。一般内科学。

主な資格：精神保健指定医。難病指定医。日本精神神経学会専門医・指導医・認知症診療医。日本臨床内科医学会専門医。日本腹部救急医学会認定医。日本糖尿病協会療養指導医。日本精神医学会認知症臨床専門医。

主な著書・翻訳書・監修書

専門書：『Biobehavioral Self-Regulation』（Springer-Verlag：共著）、『～DSM・ICD対応～臨床家のための精神医学ガイドブック』（金剛出版：単著）、『専門医が語る認知症ガイドブック』（金剛出版：共著）、『疾患別に見る心の看護』（南山堂：単著）、『職場のメンタルヘルスケア』（南山堂：共著）、『心理学大図鑑』（三省堂：監修）、『精神保健福祉用語辞典』（中央法規出版：共著）、『標準公認心理師養成テキスト』（文光堂：編著）、『公認心理師試験対策問題集2020』（文光堂：共著）、『精神科面接マニュアル』（メディカルサイエンスインターナショナル：共訳）、『精神科ポケットリファレンス』（メディカルサイエンスインターナショナル：共訳）

一般書：『What do I work for?』（Jikan & Kukan Co, Ltd.：単著）、『人はこんなことでうつになるのか』（中公新書、中央公論新社：単著）、『東京の坂と文学（村上春樹と夏目漱石の章を担当）』（彩流社：共著）、『ストレスと心の病気』（健友館：単著）、『何のために働いているかわからなくなったときに読む本』（インデックス・コミュニケーションズ：単著）、『ストレスは解消するよりコントロール』（主婦と生活社：監修）、『心の疲れとストレスを消し去る即効ブック』（主婦の友社：指導監修）など多数。

こころって、何？

――芥川賞作家と精神科医によるこころの対話――

ISBN 978-4-7533-1198-9

著者

三田 誠広・池田 健

2022年3月22日　第1刷発行

印刷　（株）太平印刷社　　製本　（株）若林製本工場

発行所　（株）岩崎学術出版社

〒101-0062　東京都千代田区神田駿河台3-6-1

発行者　杉田啓三

電話 03（5577）6817　FAX 03（5577）6837

©2022　岩崎学術出版社

乱丁・落丁本はおとりかえいたします　検印省略

こころを使うということ
今求められる心理職のアイデンティティ

藤山直樹・笠井清登編著

力動的視点をもつ専門家，最前線の精神科医・心理臨床職の講義を採録。治療の共同創造の実際を体感できる。

A5 判並製 424 頁

心理アセスメントの理論と実践
テスト･観察･面接の基礎から治療的活用まで

高瀬由嗣・関山徹・武藤翔太編著

心理アセスメントの「理論」から公認心理師５領域での総合的「実践」までを網羅した，心理職必携の１冊。

A5 判並製 372 頁

体系講義 対象関係論 上
クラインの革新とビオンの継承的深化

松木邦裕著

概念の解説に続いて創始にかかわったフロイトとアブラハムの業績を紹介。さらに対象関係論の本体であるクラインを詳しく解説。

A5 判上製 280 頁

体系講義 対象関係論 下
現代クライン派･独立学派とビオンの飛翔

松木邦裕著

クラインと前期ビオンを継承した現代クライン派精神分析の理論と技法を代表的な分析家の紹介も含めて解説。さらに独立学派も展望。

A5 判上製 320 頁

発達障害支援の実際
事例から学ぶダイアローグのコツ

広瀬宏之著

好評『発達障害支援のコツ』の著者が送る支援者と当事者が一緒に作業をしていくための手引書。発達途上にあるすべての人の役に立つ。

四六判並製 224 頁

発達障害支援のコツ

広瀬宏之著

20 年にわたり発達障害支援の現場で子どもとその家族に関わってきた著者が，その体験から学んだ「知恵・技術・心得」を披露。

四六判並製 224 頁

発達障害の薬物療法
ASD，ADHD，複雑性 PTSD への少量処方

杉山登志郎著

発達障害やトラウマをめぐる理解と診断の混乱から生じてしまう多剤・大量処方に警鐘を鳴らす，正確な診断のもとに行う少量処方のすすめ。

A5 判並製 140 頁

◎価格は小社ホームページ（http://www.iwasaki-ap.co.jp）でご確認ください。